Firenze
Florence / Florenz

Atlanti di città
Street atlases
Atlas des rues
Stadtatlanten

 Touring Club Italiano

Atlanti di città
Firenze

Realizzazione del Servizio Cartografico
del Touring Club Italiano

Controllato ai sensi della Legge 2-2-1960 N. 68
Nulla osta alla diffusione n. 104 in data 22-3-1990

Stampa: Rotolito Lombarda-Pioltello (Mi)

Edizione **1993**
Codice FAA
ISBN 88-365-0606-2

Come consultare l'Atlante

L'Atlante della città di Firenze si compone di una sezione cartografica, variamente articolata, e di un indice dei nomi.
I contenuti e l'impostazione grafica delle carte, così come la rilegatura a spirale, sono stati scelti per rispondere alle più diverse esigenze garantendo al tempo stesso una pratica consultazione.
L'Atlante si apre con una carta d'insieme che inquadra la città nel territorio circostante e consente così di risolvere problemi di accesso e di attraversamento.
Il quadro d'unione e la legenda precedono la sezione principale dell'Atlante rappresentata dalla pianta della città con due diversi ingrandimenti di scala. La prima, relativa alla zona centrale, è di maggior dettaglio e occupa cinque tavole, mentre la seconda abbraccia l'intera area urbana in venti tavole.
L'indice dei nomi relativo a strade, piazze, monumenti ed edifici di interesse generale rappresenta il naturale completamento della pianta.

Sommario

FIRENZE 1:90000 _____ IV-V

QUADRO D'UNIONE / LEGENDA _____ VI-VII

FIRENZE CENTRO 1:5500 _____ 1-10

FIRENZE 1:11000 _____ 11-50

INDICE DEI NOMI _____ 52-73

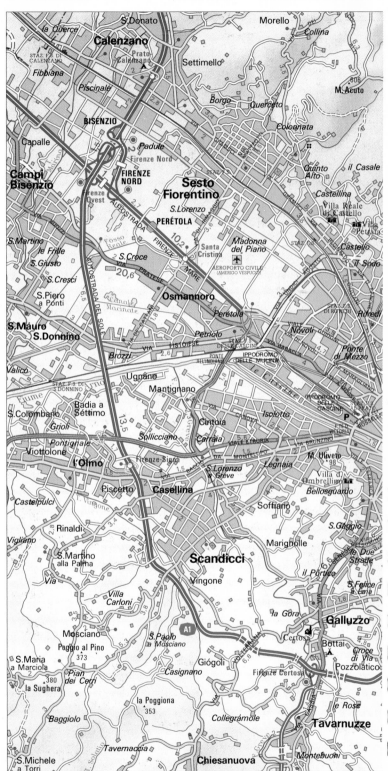

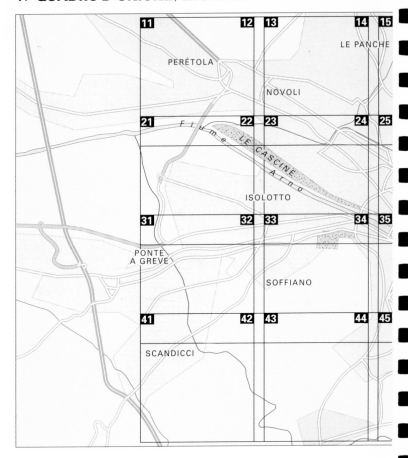

SEGNI CONVENZIONALI / CONVENTIONAL SIGNS /

Circonvallazione; Grandi arterie di attraversamento
Ring road; Main through ways
Artère de contournement; Artères de traversée
Ringstrasse; Hauptdurchfahrstrassen

Zona pedonale; Rampe pedonali e gallerie
Pedestrian zone; Street with steps and arcades
Zone piétonne; Montées avec marches et galeries
Fussgängerzone; Strasse mit Treppen und Galerien

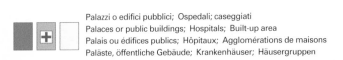

Palazzi o edifici pubblici; Ospedali; caseggiati
Palaces or public buildings; Hospitals; Built-up area
Palais ou édifices publics; Hôpitaux; Agglomérations de maisons
Paläste, öffentliche Gebäude; Krankenhäuser; Häusergruppen

Chiese; Sinagoghe
Churches; Synagogues
Églises; Synagogues
Kirchen; Synagogen

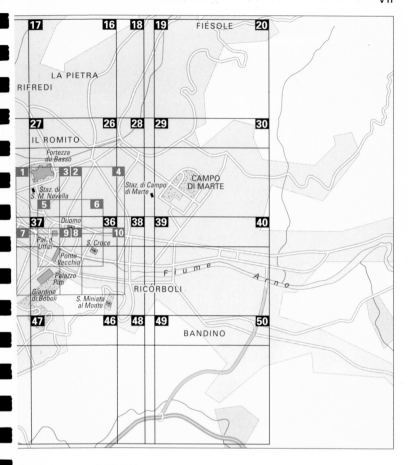

SIGNES CONVENTIONNELS / ZEICHENERKLÄRUNG

Ferrovie; Limiti di Comune
Railways; Municipal boundaries
Chemins de fer; Limites de Municipalité
Eisenbahnen; Gemeidegrenzen

Boschi e giardini; Cimiteri
Woods and gardens; Cemeteries
Bois et jardins; Cimetières
Wälder und Gärten; Friedhöfe

SCALA / SCALE / ÉCHELLE / MAßSTAB

1 : 5 500 1 cm = 55 m

0   50   100   150   200   250   300 m

1 : 11 000 1 cm = 110 m

0   100   200   300   400   500   600 m

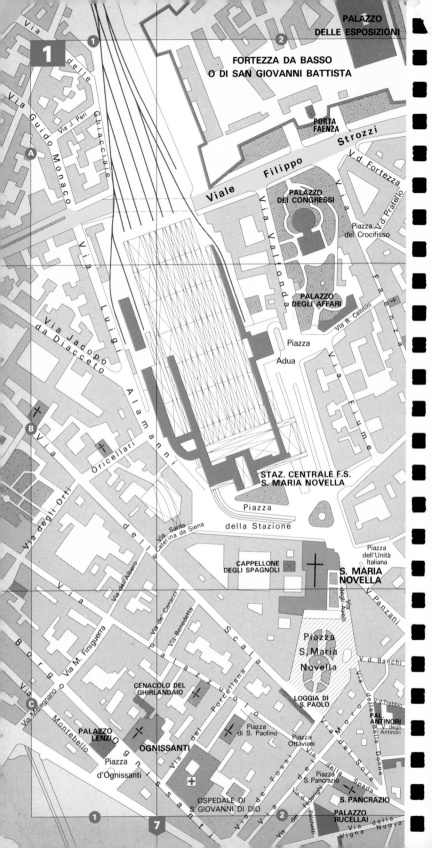

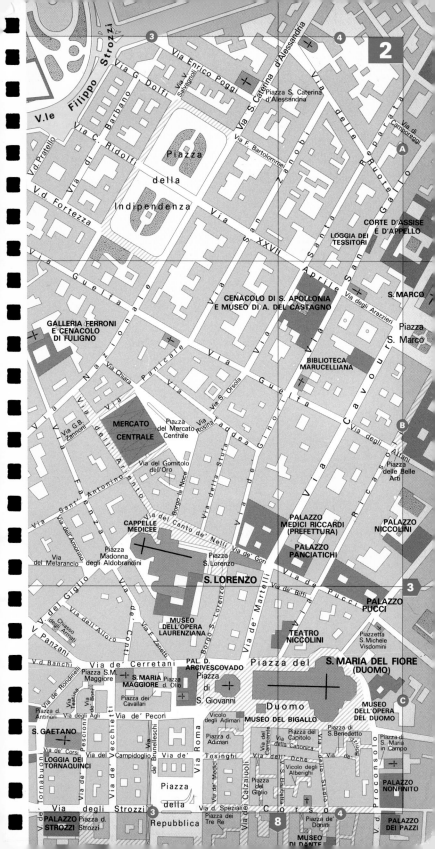

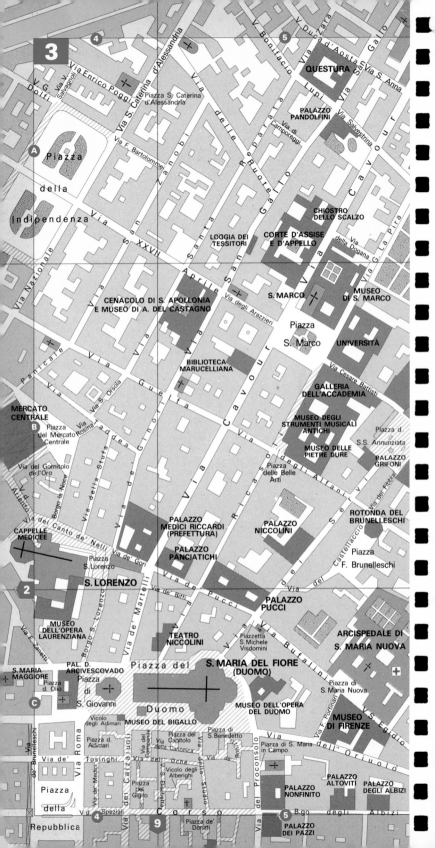

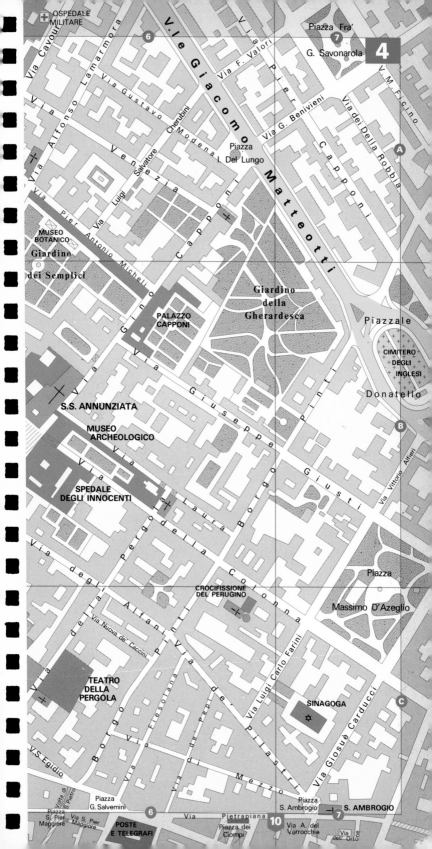

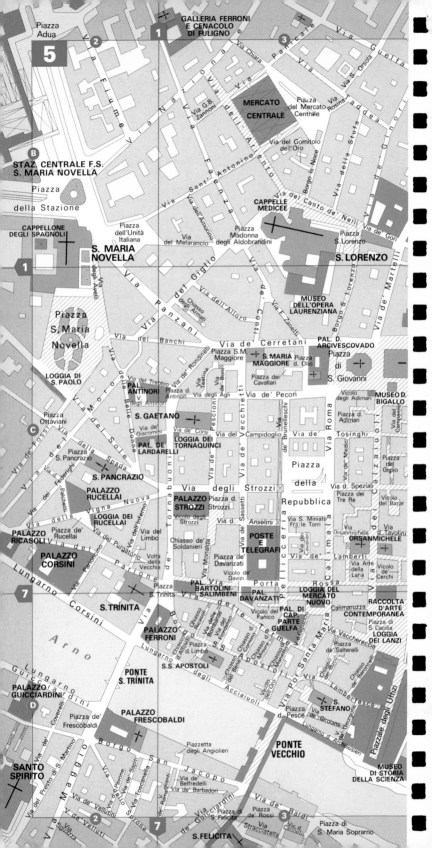

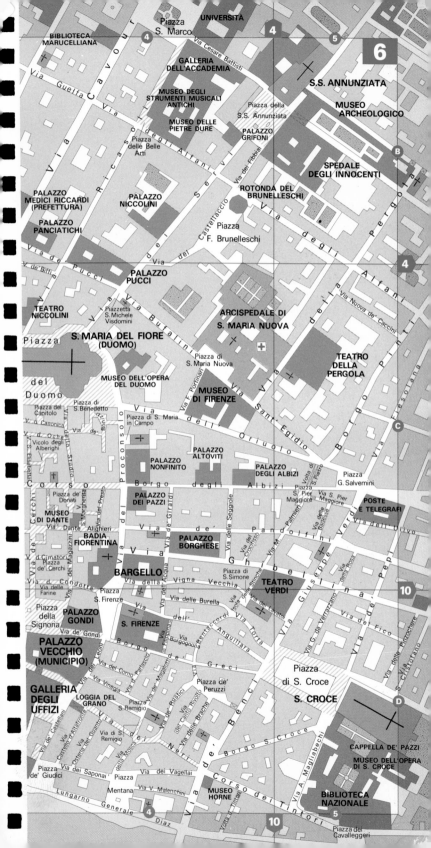

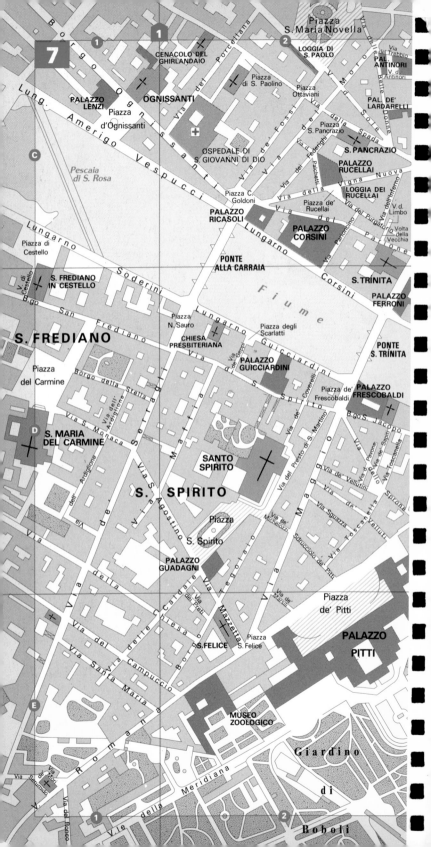

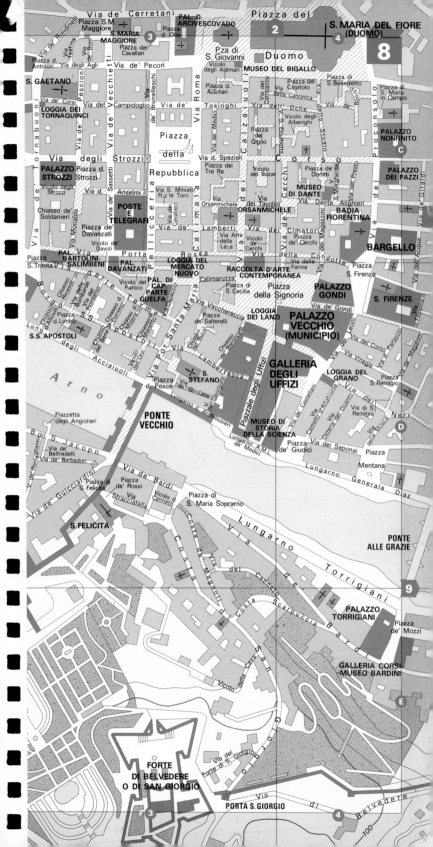

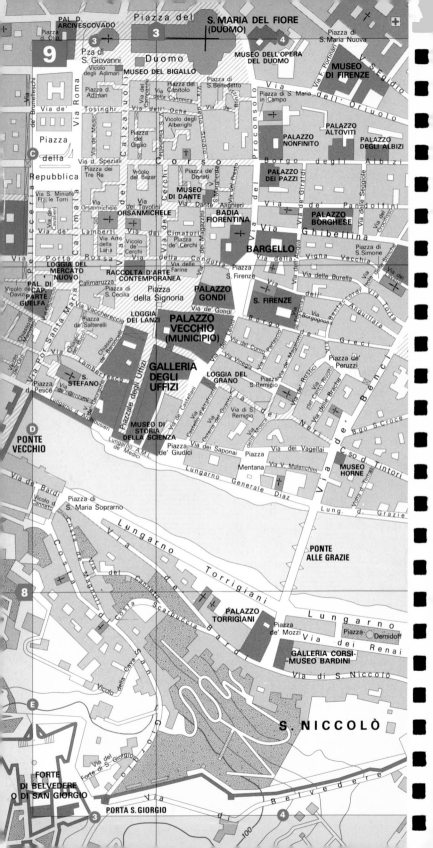

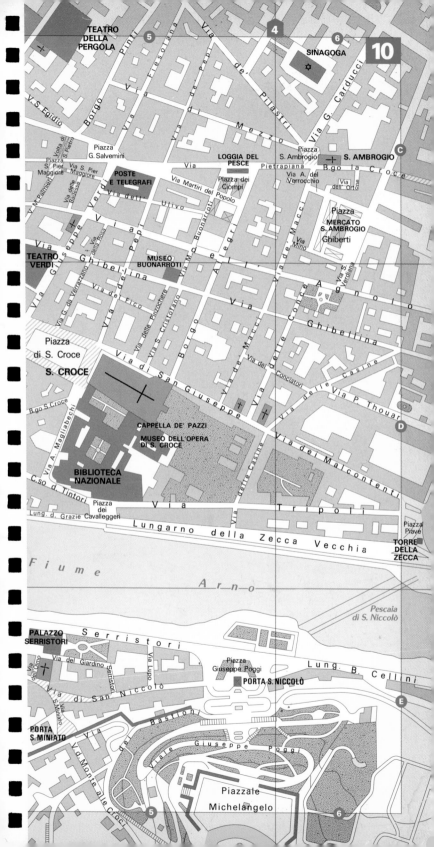

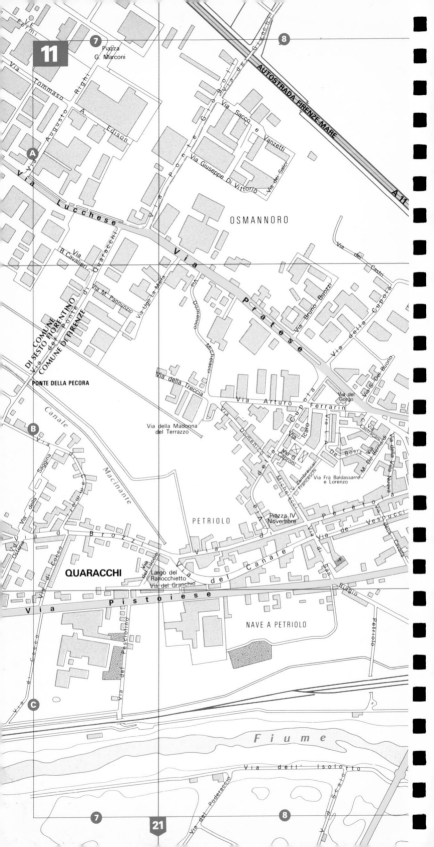

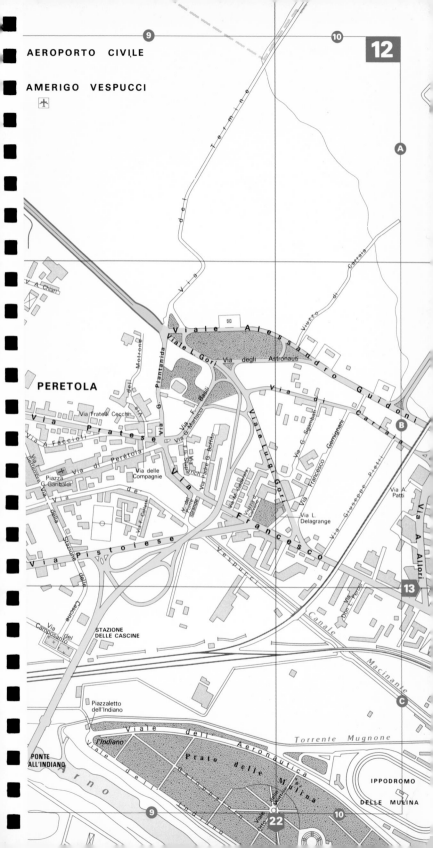

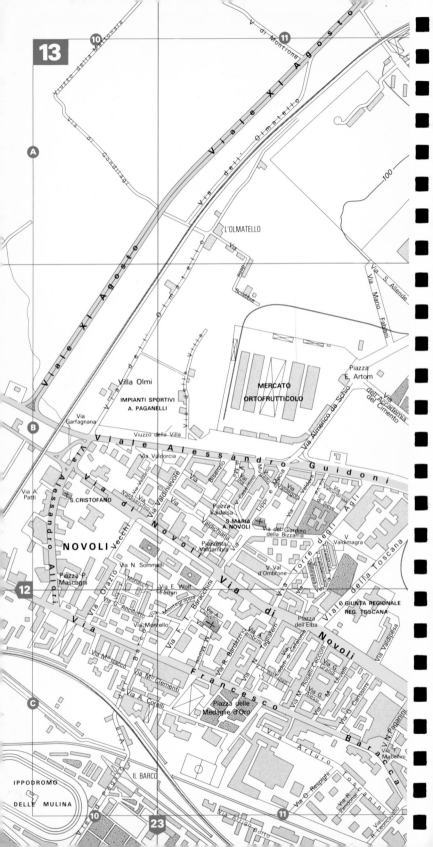

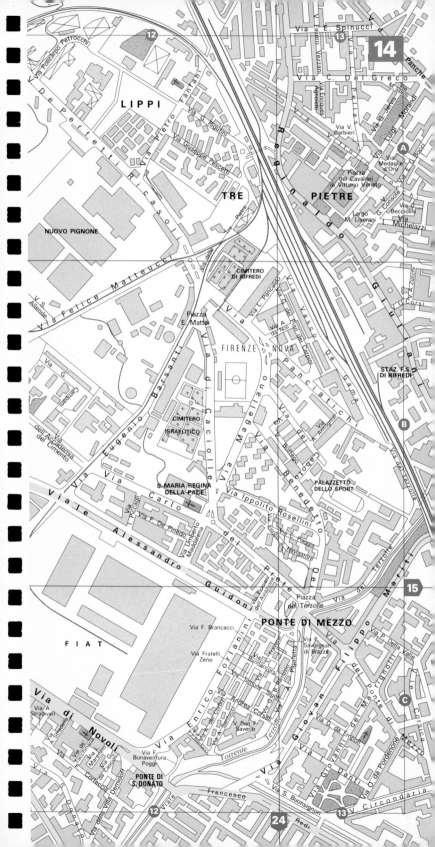

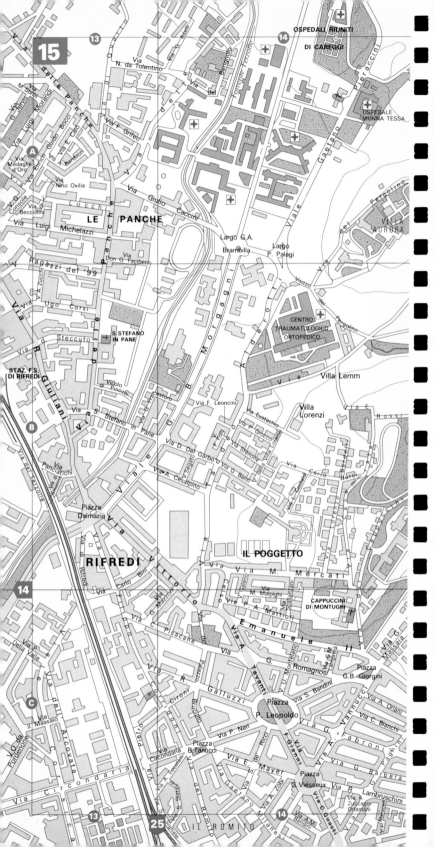

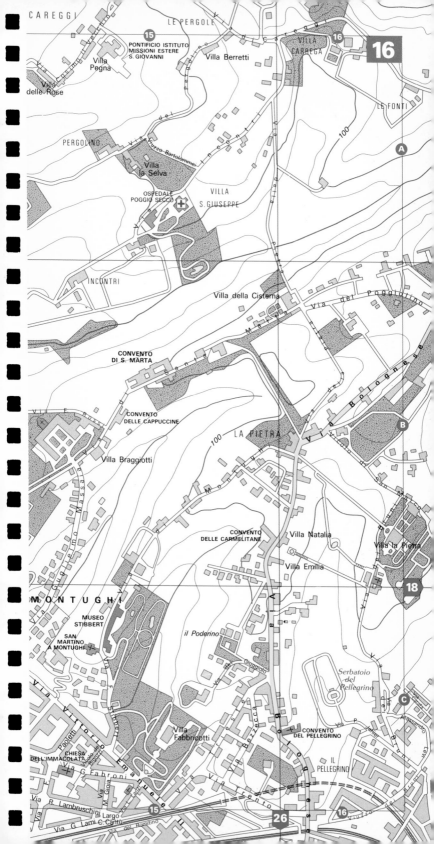

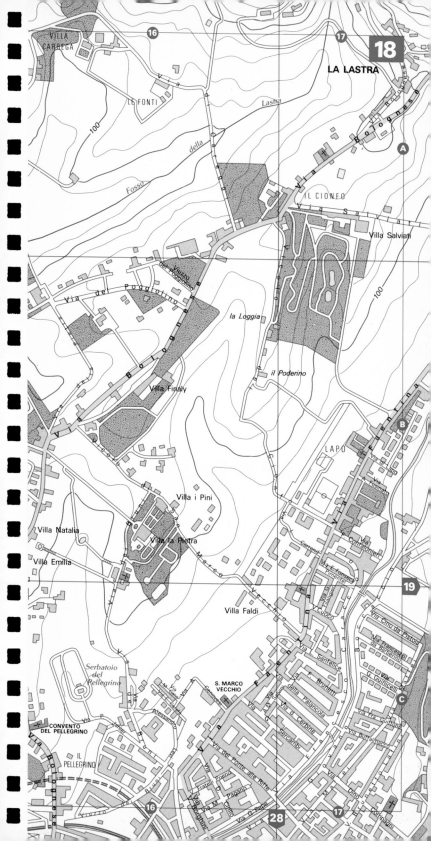

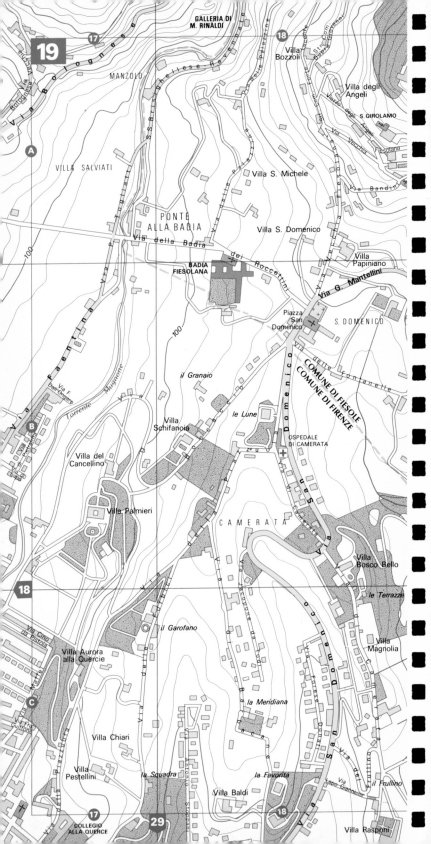

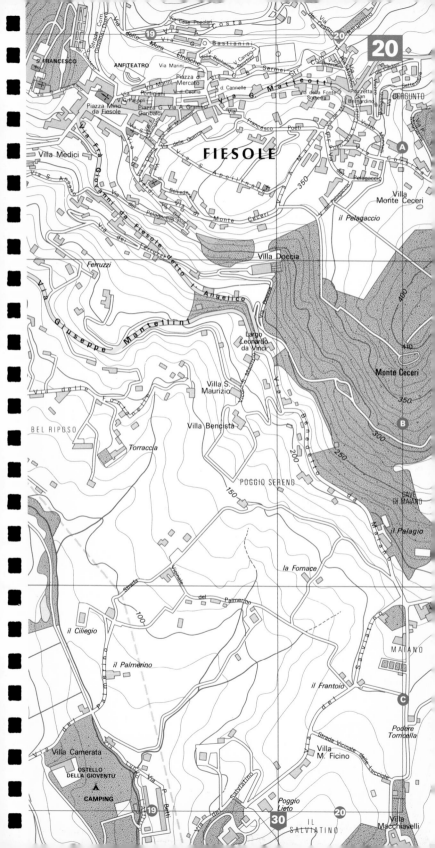

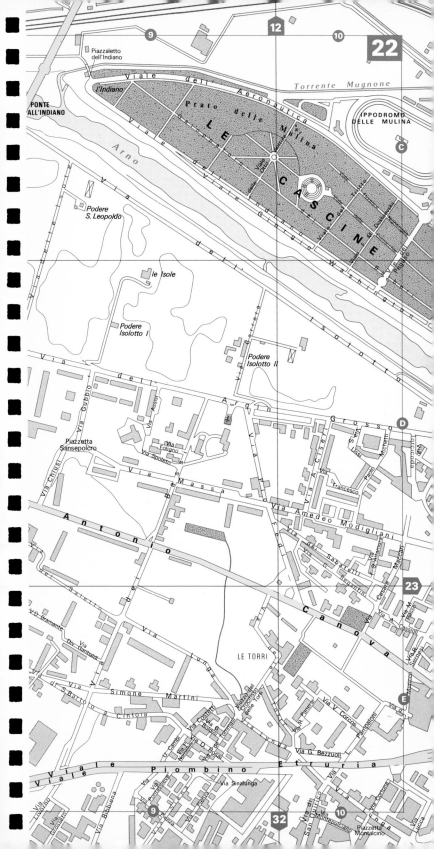

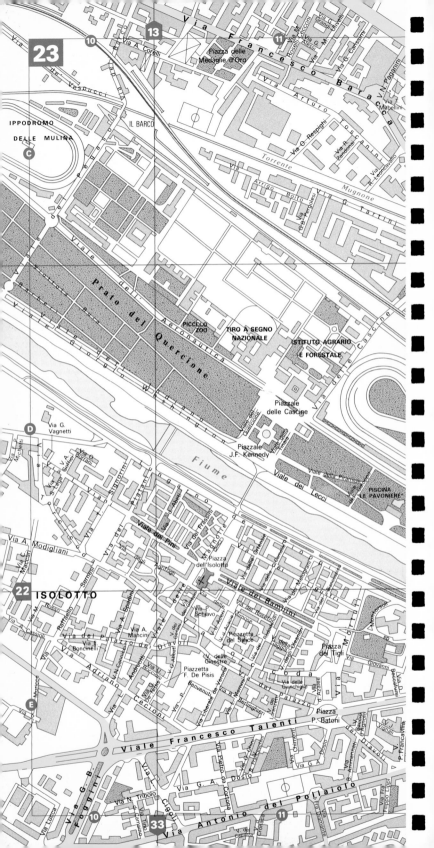

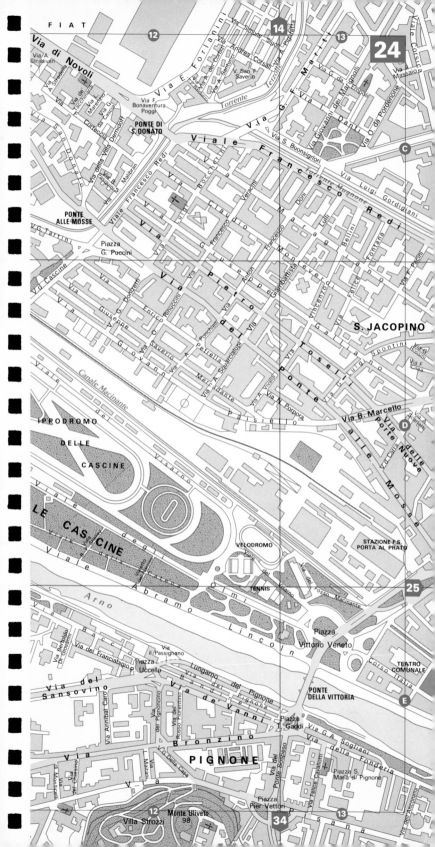

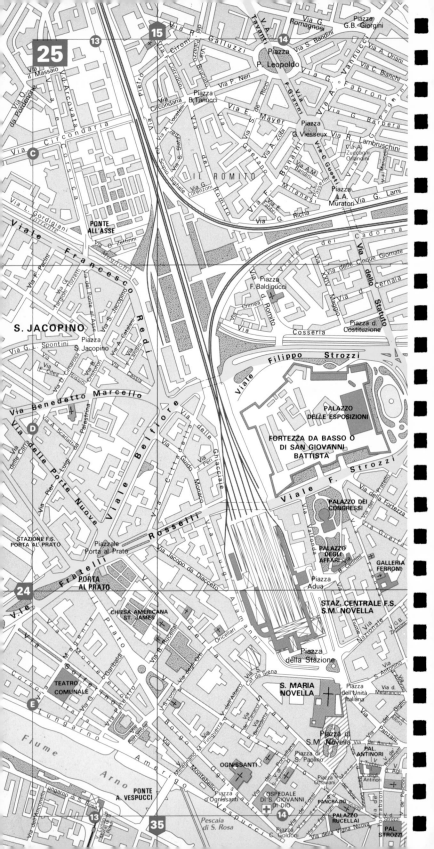

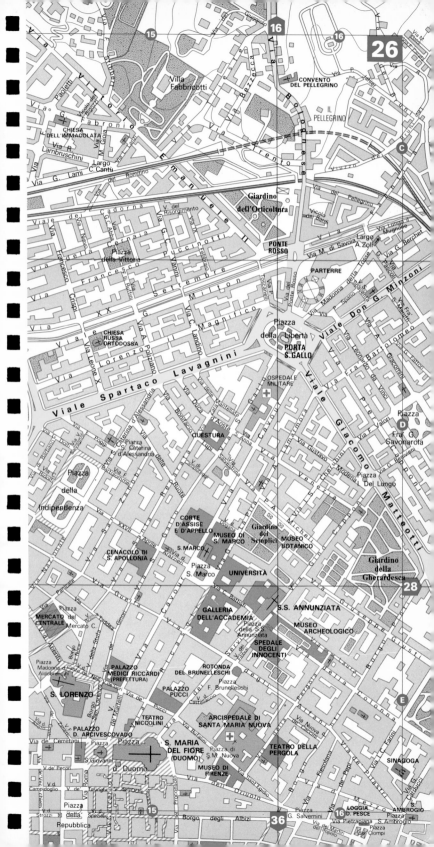

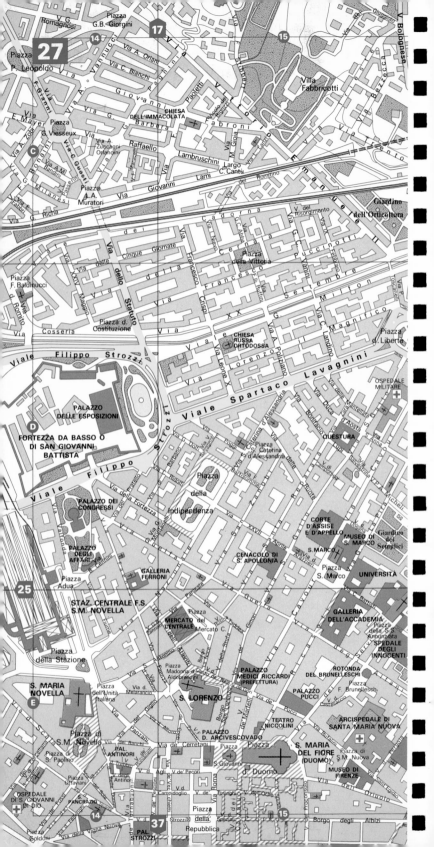

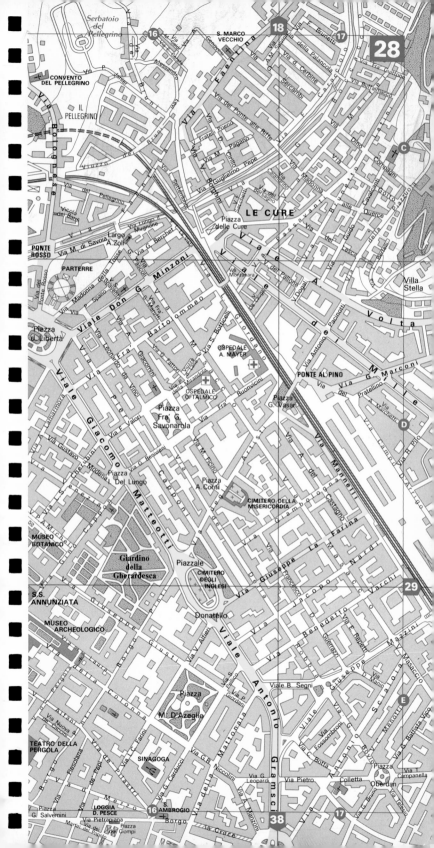

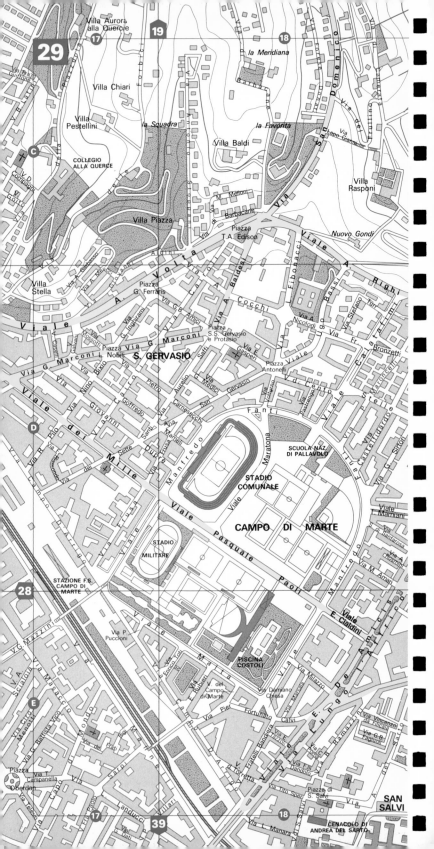

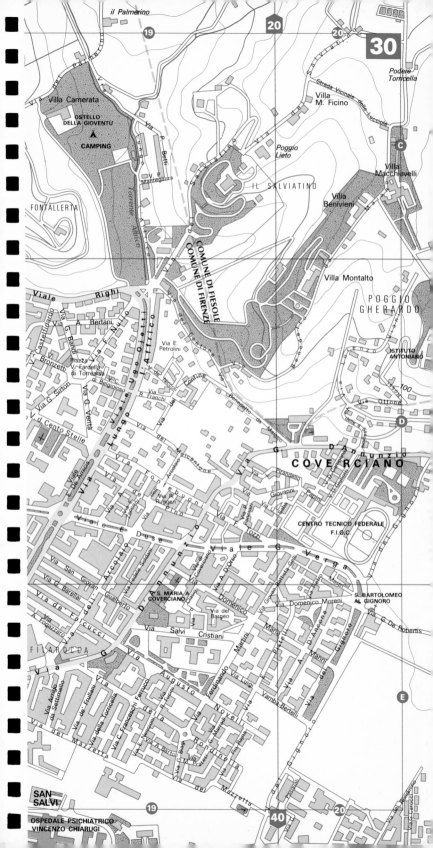

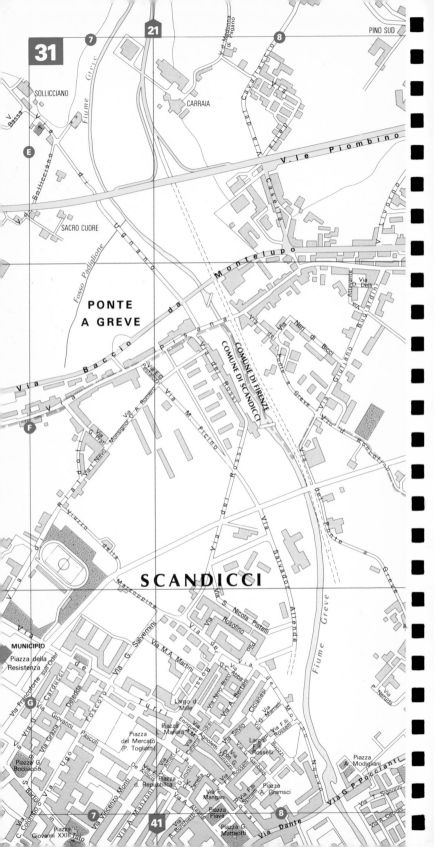

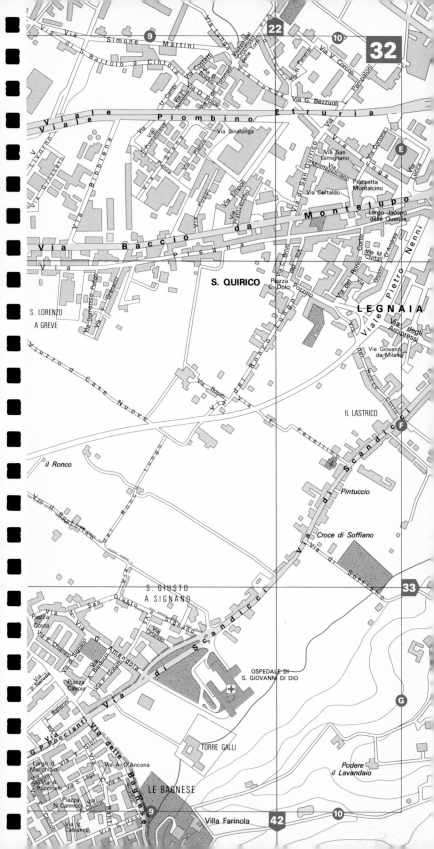

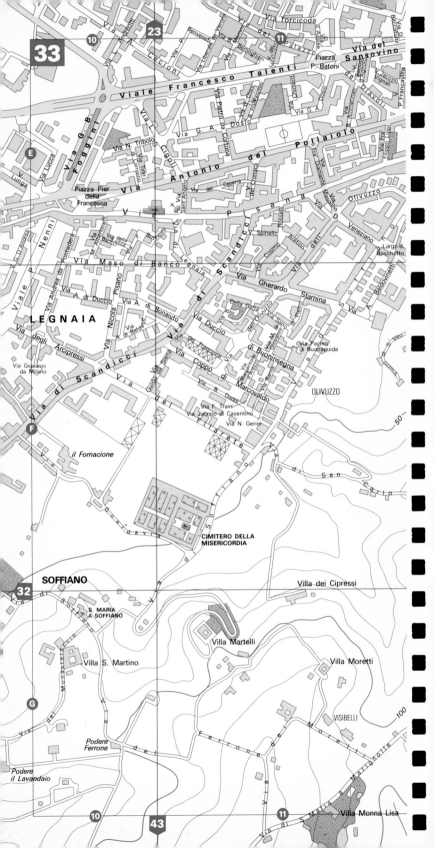

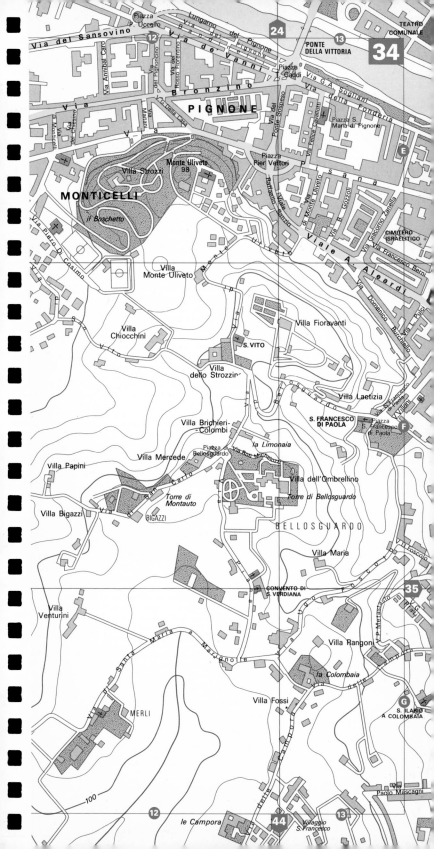

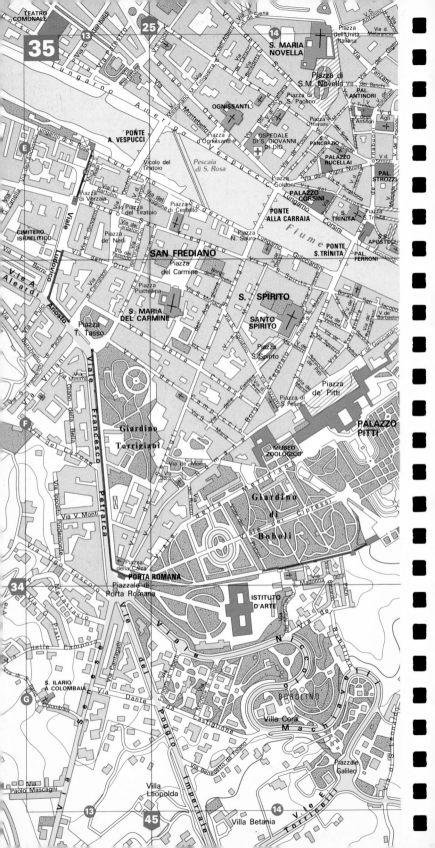

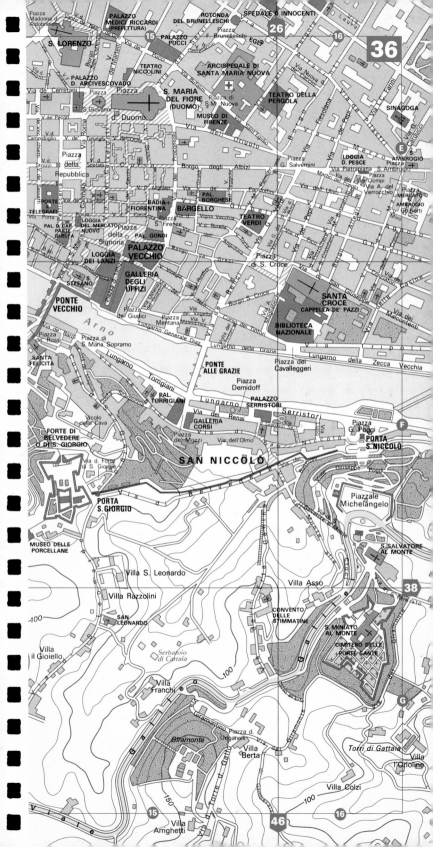

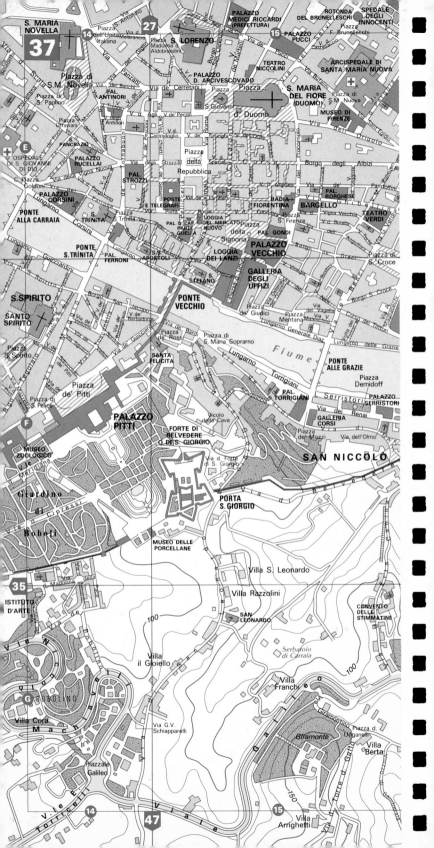

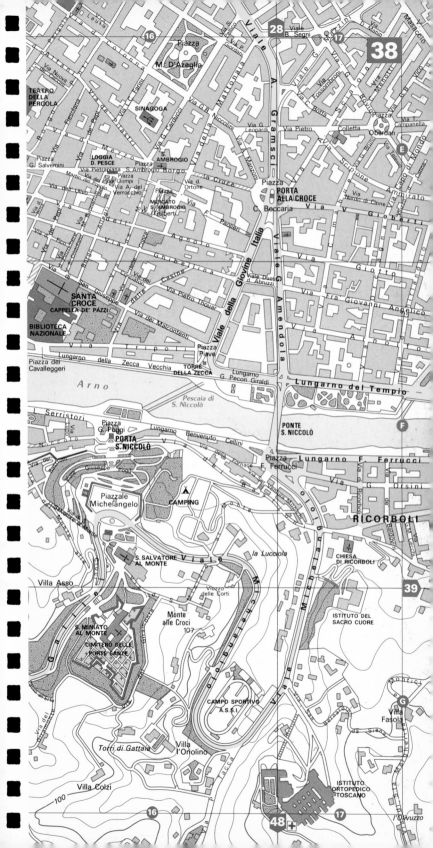

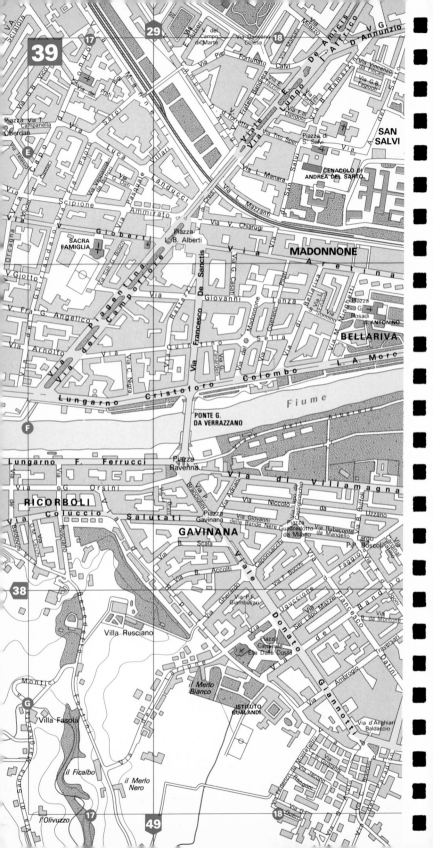

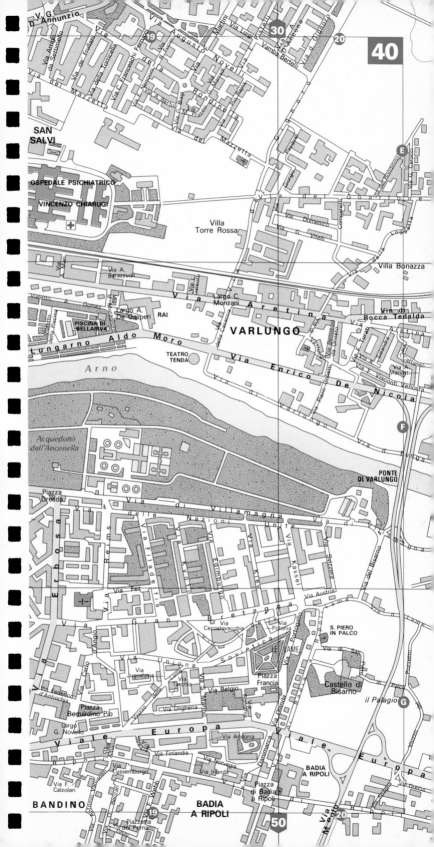

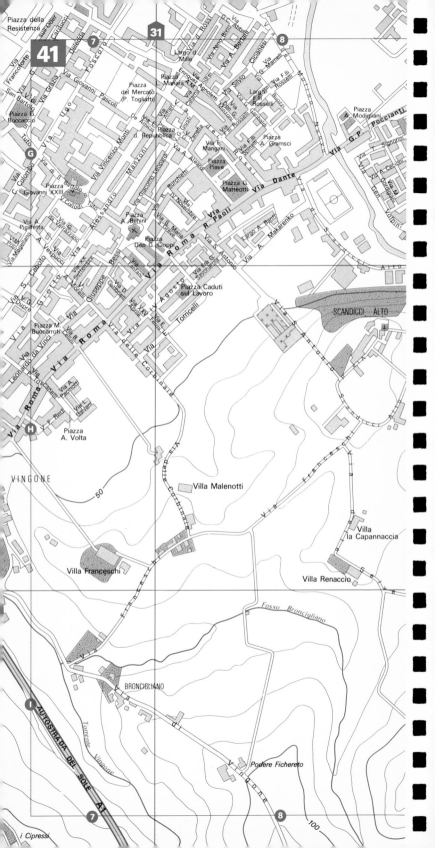

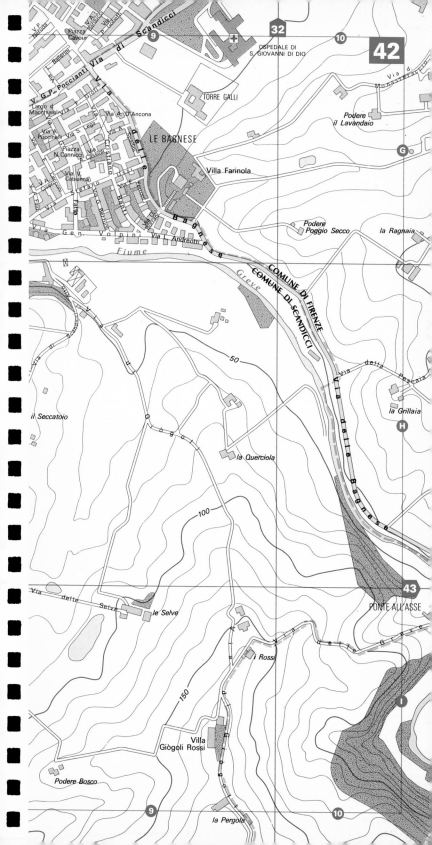

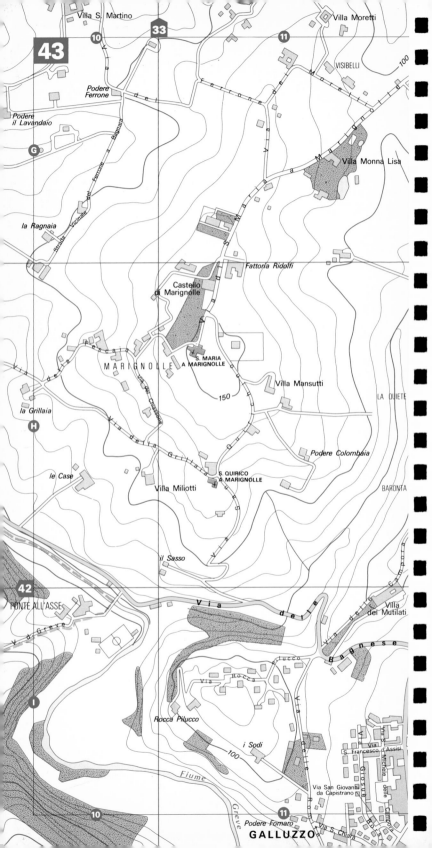

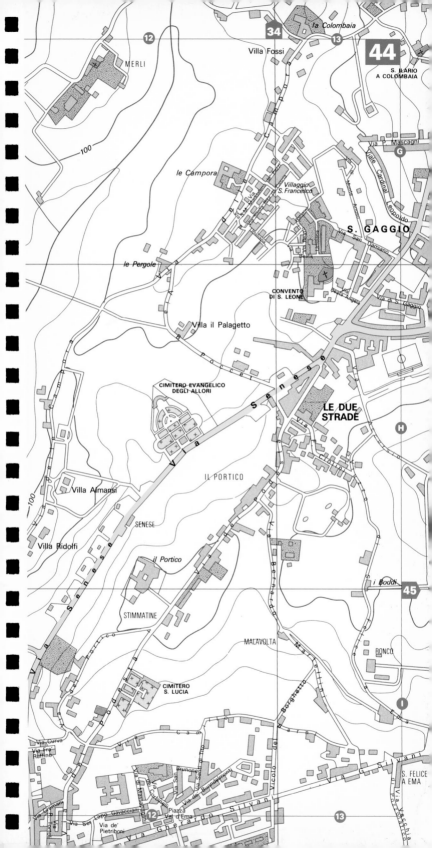

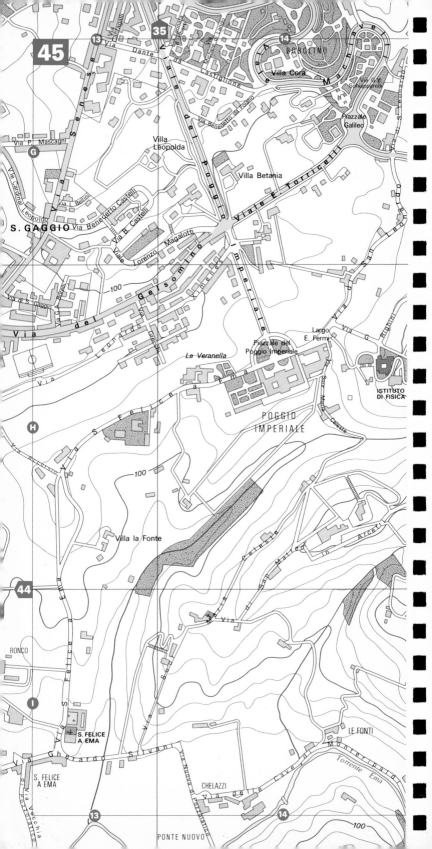

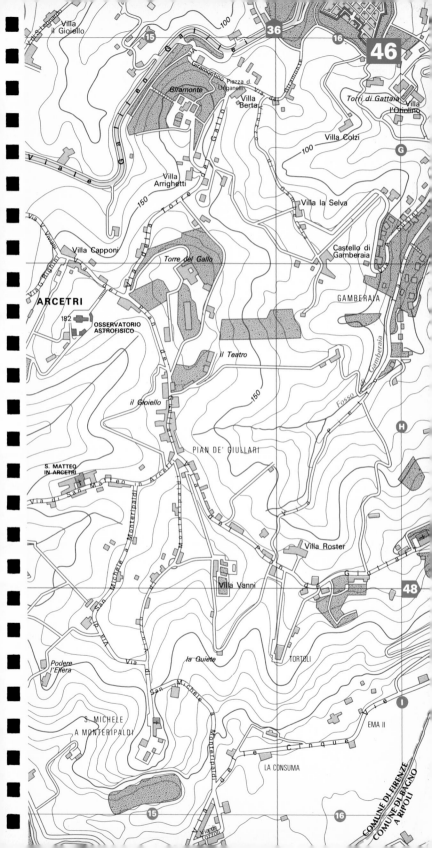

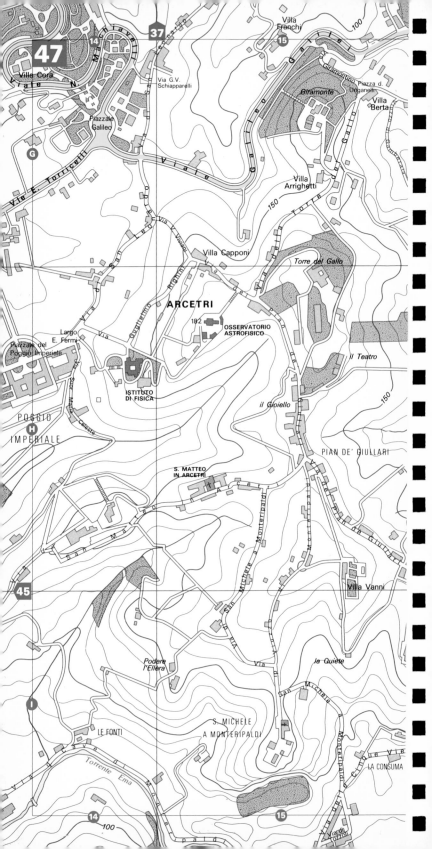

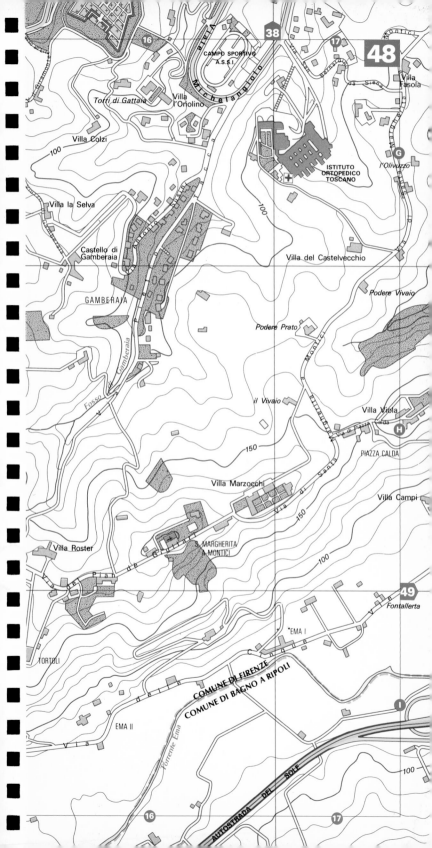

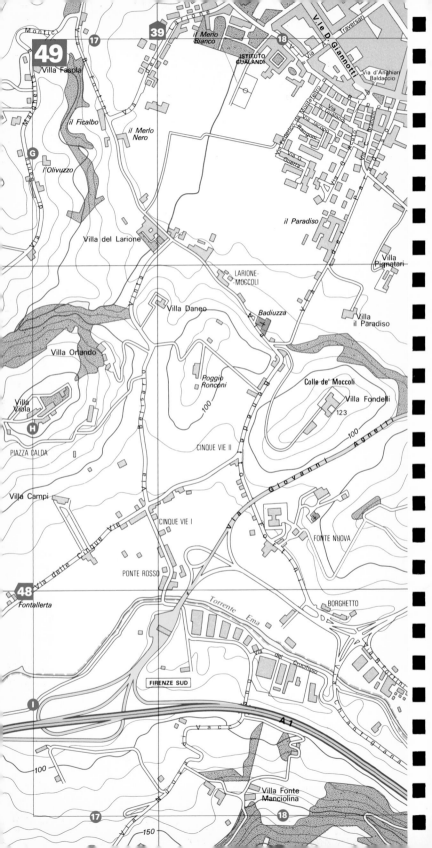

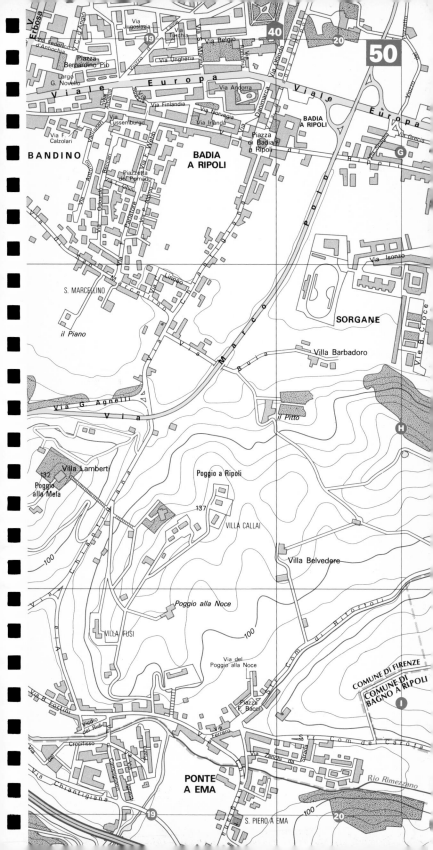

Indice dei nomi

53

AVVERTENZE PER L'INDICE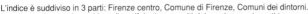

L'indice è suddiviso in 3 parti: Firenze centro, Comune di Firenze, Comuni dei dintorni.
I nomi propri sono elencati in ordine alfabetico, seguiti dai nomi comuni, posti tra parentesi. Esempio:

Almansi (villa) Greci (borgo dei)
Bardi (via de') Indiano (ponte all')
Grázie (lungarno delle) Isolotto secondo (podere)

Se il nome proprio, relativo a una persona, è composto dal nome personale e dal cognome, è quest'ultimo che viene considerato per primo nell'ordine alfabetico; il nome personale è aggiunto dopo la virgola.
La cifra (o le cifre), poste dopo il nome, indicano il numero della tavola o delle tavole, la lettera (o le lettere) e la cifra (o le cifre) successive ne indicano la collocazione nella tavola; questa è divisa in riquadri, contrassegnati ciascuno con una lettera e una cifra riportati a margine. Esempio:

Immacolata (chiesa dell') **27** C 14-15 Ognissanti (borgo) **25** E 14
Lanzi (lóggia dei) **36** E-F 15 Righi, Augusto (via) **11** A 7

Gli articoli sono posti normalmente dopo il nome e preceduti dalla virgola. L'accento ha valore esclusivamente tonico ed è posto di norma solo sull'ultima o sulla terz'ultima vocale, per cui i nomi che non portano alcun segno di accento si devono pronunciare accentati sulla penultima vocale; si è però posto il segno di accento anche su alcuni nomi poco noti accentati sulla penultima vocale.

INSTRUCTIONS FOR THE INDEX

The index is divided into three sections: the centre of Florence, the municipality of Florence and the neighbouring municipalities.
Proper nouns are listed in alphabetical order, followed by common nouns in brackets. Example:

Almansi (villa) Greci (borgo dei)
Bardi (via de') Indiano (ponte all')
Grázie (lungarno delle) Isolotto secondo (podere)

When a person's name is given in full i.e. first name and surname, the latter will be listed in alphabetical order. The first name will come after a comma.
Each name is followed by the number (or numbers) of map or maps; a letter (or letters) and a number (or numbers) are a key to its position on the map. The map is divided into sections, each marked with a letter and a number on one side. Example:

Immacolata (chiesa dell') **27** C 14-15 Ognissanti (borgo) **25** E 14
Lanzi (lóggia dei) **36** E-F 15 Righi, Augusto (via) **11** A 7

Articles generally come after the name, the two being divided by a comma. The accent has only a main stress value and falls on the last or third-last vowel. Therefore, names not marked with an accent must be stressed on the second-last vowel. However, also little-known names stressed on the second-last vowel been marked with an accent.

AVIS CONCERNANT L'INDEX

L'index comprend trois parties: Florence centre-ville, Ville de Florence, Communes de la banlieue.
Les noms propres sont en ordre alphabétique, suivis des noms communs entre parenthèses. Exemple:

Almansi (villa) Greci (borgo dei)
Bardi (via de') Indiano (ponte all')
Grázie (lungarno delle) Isolotto secondo (podere)

Si le nom propre, se rapportant à une personne, se compose d'un prénom et d'un nom, c'est ce dernier qui figure en premier dans l'ordre alphabétique; le prénom est ajouté après la virgule.
Le chiffre (ou les chiffres) qui figurent après chaque nom indiquent le numéro de la carte ou des cartes;
La lettre (ou les lettres) et le chiffre (ou les chiffres) suivants en indiquent l'emplacement sur carte; cette dernière est divisée en carrés, portant chacun une lettre et un chiffre indiqués dans la marge. Exemple:

Immacolata (chiesa dell') **27** C 14-15 Ognissanti (borgo) **25** E 14
Lanzi (lóggia dei) **36** E-F 15 Righi, Augusto (via) **11** A 7

Les articles sont normalement placés après le nom et précédés d'une virgule. L'accent n'a qu'une valeur tonique et il est généralement placé sur la dernière ou l'antépénultième voyelle. Par conséquent, les noms n'ayant aucun accent doivent se prononcer accentués sur l'avant-dernière voyelle.
Cependant, l'accent a été mis aussi sur quelques noms peu connus, même étant accentués sur l'avant-dernière voyelle.

ANWEISUNGEN FÜR DAS INHALTSVERZEICHNIS

Das Verzeichnis ist aufgeteilt in Florenz Zentrum, Gemeinde von Florenz, Gemeinden der Umgebung.
Die Eigennamen sind alphabetisch aufgelistet; die Gattungsnamen folgen in Klammern. Beispiel:

Almansi (villa) Greci (borgo dei)
Bardi (via de') Indiano (ponte all')
Grázie (lungarno delle) Isolotto secondo (podere)

Bezieht sich der Eigenname auf eine Person und besteht er aus Vor-und Zuname, bestimmt dieser letzte die alphabetische Reihenfolge; der Vorname steht hinter dem Komma.
Die Zahl oder Zahlen hinter dem Namen geben die Kartenseite oder Kartenseiten an; die Buchstabe (-n) und Ziffer (-n) nach der Seitenangabe bezeichnen die Lage auf der Karte, welcher in Sektoren unterteilt ist, die jeweils von einem Buchstaben und einer Ziffer am Rand gekennzeichnet sind. Beispiel:

Immacolata (chiesa dell') **27** C 14-15 Ognissanti (borgo) **25** E 14
Lanzi (lóggia dei) **36** E-F 15 Righi, Augusto (via) **11** A 7

Die Artikel stehen gewöhnlich hinter den Namen, und ihnen geht ein Komma voraus. Der Akzent hat ausschließlich Betonungswert und steht in der Regel nur auf dem letzten oder drittletzten Vokal. Demgemäß werden Namen ohne Akzentzeichen auf dem vorletzten Vokal betont; das Akzentzeichen steht jedoch auch auf einigen wenig gebräuchlichen Namen mit Betonung auf dem vorletzten Vokal.

FIRENZE CENTRO

A

Accadémia (galleria dell') **6** B 4
Acciaiuoli (lungarno degli) **8** D 3
Ácqua (via dell') **9** C-D 4
Adimari (piazza degli) **5** C 3
Adimari (vícolo degli) **5** C 3
Ádua (piazza) **1** B 2
Affari (palazzo degli) **1** B 2
Agli (via degli) **5** C 3
Ágnolo (via dell') **10** C-D 5-6
Alamanni, Luigi (via) **1** A-B 1-2
Alberighi (vícolo degli) **9** C 4
Álbero (via dell') **1** B-C 1
Albizi (borgo degli) **9** C 4
Albizi (palazzo degli) **9** C 4
Alfani (via degli) **3-4** B-C 4-5
Alfieri, Vittório (via) **4** B 6
Alighieri, Dante (via) **9** C 4
Allegri (borgo) **10** C-D 5
Alloro (via dell') **5** C 3
Altoviti (chiasso degli) **8** D 3
Altoviti (palazzo) **9** C 4
Amorino (via dell') **5** B 3
Andrea del Castagno (museo di) e cenácolo di
    Sant'Apollónia **3** B 3-4
Andrea del Verrócchio (via) **10** C 6
Angiolieri (piazzetta degli) **8** D 3
Anguillara (via dell') **9** D 4
Anselmi (via degli) **8** C 3
Antinori (palazzo) **1** C 2
Antinori (piazza degli) **5** C 3
Antinori (via degli) **1** C 2
Arazzieri (via degli) **3** B 4
Archeológico (museo) **4** B 5
Archibusieri (lungarno degli) **9** D 3
Arcispedale di Santa Maria Nuova **3** C 4
Arcivescovado (palazzo dell') **5** C 3
Ardiglione (via dell') **7** D 1
Ariento (via dell') **5** B 3
Armati (chiasso degli) **2** C 3
Arno (fiume) **5** D 3
Arte contemporánea (raccolta d') **9** C-D 3-4
Arte della Lana (via) **9** C 3
Assise e d'Appello (corte d') **3** A-B 4
Avelli (via degli) **1** B-C 2

B

Badesse (via delle) **10** C 5
Badia Fiorentina **9** C 4
Banchi (via dei) **1-2** C 2-3
Barbadori (via de') **8** D 3
Barbano (via di) **2** A 3
Bardi (via de') **8** D-E 3-4
Bardini (museo) = Galleria Corsi **9** E 4
Bargello (palazzo del) **9** C 4
Baroncelli (chiasso de') **9** D 3
Bartolini-Salimbeni (palazzo) **8** C-D 3
Bartolomei, Ferdinando (via) **3** A 3-4
Basso o di San Giovanni Battista (fortezza da)
    1 A 2
Bastioni (via dei) **10** E 5-6
Battisti, Césare (via) **6** B 4
Bazar (vícolo del) **9** C 3-4
Belfredelli (via de') **8** D 3
Belle Arti (piazza delle) **6** B 4
Belle Donne (via delle) **1** C 2
Belvedere (via di) **9** E 3-4
Belvedere o di San Giórgio (forte di) **8** E 3
Benci (via de') **9** D 4
Bene (chiasso del) **8** D 3
Benedetta (via) **1** C 2
Benivieni, Girólamo (via) **4** A 5-6
Bentaccordi (via) **9** D 4
Biblioteca Nazionale **10** D 5
Biffi (via de') **6** B-C 4
Bigallo (museo del) **5** C 3
Bóboli (giardino di) **7** E 2
Bombarde (via delle) **8** D 3
Boni (via de') **5** C 3
Bonizzi (via de') **6** C 4
Borghese (palazzo) **9** C 4
Borgognona (via) **9** D 4

Botánico (museo) **4** A 5
Brache (via delle) **9** D 4
Brunelleschi (rotonda del) **3** B 4
Brunelleschi (via de') **5** C 3
Brunelleschi, Filippo (piazza) **3** B 4
Buco (chiasso del) **9** D 3
Bufalini (via) **6** C 4
Buonarroti (museo) **10** C-D 5
Buonarroti, Michelángelo (via) **10** C-D 5
Burella (via delle) **9** D 4

C

Caccini (via nuova de') **4** C 5
Caldáie (via delle) **7** D-E 1-2
Calimala (via) **8** C 3
Calimaruzza (via) **9** D 3
Calzaiuoli (via dei) **9** C 3
Campanile (via del) **5** C 3
Campidóglio (via del) **5** C 3
Camporeggi (via di) **3** A 4
Campúccio (via del) **7** E 1-2
Canacci (via de') **1** C 1-2
Canneto (via del) **8** D-E 3-4
Canneto (vícolo del) **8** D 3
Canónica (via della) **6** C 4
Canto de' Nelli (via del) **5** B 3
Canto Rivolto (via del) **9** D 4
Capáccio (via del) **8** D 3
Capitani di Parte Guelfa (palazzo) **8** D 3
Capítolo (piazza del) **6** C 4
Capponi (palazzo) **4** B 5
Capponi, Gino (via) **4** A-B 5
Capponi, Pier (via) **4** A 5-6
Carducci, Giosuè (via) **4** C 6
Cármine (piazza del) **7** D 1
Carráia (ponte alla) **7** C-D 2
Casine (via delle) **10** D 5-6
Castelláccio (via del) **3** B-C 4
Castellani (via de') **9** D 4
Castello d'Altafronte (via) **9** D 4
Cava (vícolo della) **8** E 3
Cavalieri (via dei) **8** C 3
Cavallari (piazza dei) **5** C 3
Cavalleggeri (piazza dei) **10** D 5
Cavour (via) **3-4** A-B 4-5
Cellini, Benvenuto (lungarno) **10** E 6
Cenácolo di Sant'Apollónia e museo di Andrea
    del Castagno **3** B 3-4
Cennini, Bernardo (via) **1** B 2
Cerchi (piazza de') **9** C 4
Cerchi (via de') **9** C 4
Cerchi (vícolo de') **9** C 3
Cerretani (via de') **5** C 3
Cestello (piazza di) **7** C 1
Cestello (via di) **7** D 1
Cherubini, Luigi Salvatore (via) **4** A 5
Chiara (via) **5** B 3
Chiesa (via della) **7** D-E 1-2
Cimatori (via dei) **9** C 3-4
Cimitero degli inglesi **4** B 6
Ciompi (piazza dei) **10** C 5
Colonna (via della) **4** B-C 5-6
Conce (via delle) **10** D 5-6
Conciatori (via dei) **10** D 5-6
Condotta (via della) **9** C-D 3-4
Congressi (palazzo dei) **1** A 2
Conti (via de') **5** B-C 3
Cornino (chiasso del) **8** D 3
Corno (via del) **9** D 4
Corsi (galleria) = Museo Bardini **9** E 4
Corsi (via de') **5** C 3
Corsini (lungarno) **7** C-D 2
Corsini (palazzo) **7** C 2
Corso **9** C 3-4
Coverelli (via de') **7** D 2
Croce, la (borgo) **10** C 6
Crocifissione del Perugino **4** B-C 5
Crocifisso (piazza del) **1** A 2
Crocifisso (via del) **9** C 4

D

Dante (museo di) **9** C 4
Davanzati (palazzo) **8** C-D 3
Davanzati (piazza de') **8** C 3
Davizi (vícolo de') **8** C 3

D'Azéglio, Mássimo (piazza) **4** B-C 6
Della Róbbia (via dei) **4** A 6
Del Lungo, Isidoro (piazza) **4** A 5
Demidoff (piazza) **9** E 4
Diacceto, Jácopo da (via) **1** B 1
Diaz, generale (lungarno) **9** D 4
Dogana (via della) **3** A 4
Dolfi, Giuseppe (via) **2** A 3
Donatello (piazzale) **4** B 6
Donati (piazza de') **9** C 4
Duca d'Aosta (via) **3** A 4
Duomo (piazza del) **6** C 4

E

Esposizioni (palazzo delle) **1** A 2

F

Faenza (porta) **1** A 2
Faenza (via) **1-2** A-B 2-3
Farine (via delle) **9** C-D 4
Farini, Luigi Carlo (via) **4** C 5-6
Federighi (via dei) **7** C 2
Ferroni (galleria) e cenácolo di Fuligno
   2 B 3
Ferroni (palazzo) **7** D 2
Fibbiai (via dei) **3** B 4
Ficino, Marsílio (via) **4** A 6
Fico (via del) **10** D 5
Fiesolana (via) **4** C 5
Filippina (via) **9** D 4
Finiguerra, Maso (via) **1** C 1
Fiordaliso (via del) **8** D 3
Fiorentina (badia) **9** C 4
Firenze (museo di) **3** C 4
Fiume (via) **1** B 2
Forte di San Giórgio (via del)
   8 E 3
Fortezza (via della) **1-2** A 2-3
Fossi (via de') **7** C 2
Fra' Girólamo Savonarola (piazza)
   4 A 6
Frescobaldi (palazzo) **7** D 2
Frescobaldi (piazza de') **7** D 2
Fuligno (cenácolo di) e galleria Ferroni
   2 B 3

G

Galleria degli Uffizi **9** D 3-4
Galleria dell'Accadémia **6** B 4
Generale Diaz (lungarno) **9** D 4
Georgófili (via de') **9** D 3
Geppi (via de') **7** D 2
Gherardesca (giardino della) **4** B 5-6
Ghiacciáie (via delle) **1** A 1
Ghibellina (via) **9** C-D 4-6
Ghiberti (piazza) **10** C 6
Ghirlandáio (cenácolo del) **1** C 1-2
Giacomini (via de') **5** C 2-3
Giardino Serristori (via del) **10** E 5
Gíglio (piazza del) **9** C 3
Gíglio (via del) **2** B-C 3
Ginori (via de') **5** B 3
Giovanni da Verrazzano (via) **10** D 5
Giraldi (via de') **9** C 4
Girólami (via de') **9** D 3
Giúdici (piazza de') **9** D 4
Giusti, Giuseppe (via) **4** B 5-6
Goldoni, Carlo (piazza) **7** C 2
Gomítolo dell'Orto (via del) **5** B 3
Gondi (palazzo) **9** D 4
Gondi (via de') **9** D 4
Gori (via de') **5** B 3
Grano (lóggia del) **9** D 4
Grázie (lungarno delle) **9-10** D 4-5
Grázie (ponte alle) **9** D 4
Greci (borgo de') **9** D 4
Grifoni (palazzo) **3** B 4
Guadagni (palazzo) **7** D 2
Guelfa (via) **2** A-B 3-4
Guicciardini (lungarno) **7** D 2
Guicciardini (palazzo) **7** D 2
Guicciardini (via de') **8** D 3

H

Horne (museo) **9** D 4

I

Indipendenza (piazza della) **2** A 3
Inferno (via dell') **7** C 2
Inglesi (cimitero degli) **4** B 6
Innocenti (spedale degli) **4** B 5
Ísola delle Stinche (via) **9** C-D 4

J

Jácopo da Diacceto (via) **1** B 1

L

Lamarmora, Alfonso (via) **4** A 5
Lambertesca (via) **9** D 3
Lamberti (via de') **8** C 3
Lanzi (lóggia dei) **9** D 3-4
La Pira, Giórgio (via) **3** A-B 4
Larderelli (palazzo de') **5** C 2-3
Láura (via) **4** B 5
Lavatoi (via dei) **9** D 4
Lenzi (palazzo) **1** C 1
Leoni (via dei) **9** D 4
Limbo (piazza del) **8** D 3
Limbo (via del) **7** C 2
Lupi, Bonifácio (via) **3** A 4
Lupo (via) **10** E 5

M

Macci (via de') **10** C-D 5-6
Madonna degli Aldobrandini (piazza) **5** B 3
Maffia (via) **7** D 1-2
Magalotti (via de') **9** D 4
Magazzini (via dei) **9** C-D 4
Mággio (via) **7** D-E 2
Magliabechi, António (via) **10** D 5
Magnoli (costa de') **8** D-E 3
Malcontenti (via dei) **10** D 6
Malenchini, Vincenzo (via) **9** D 4
Manetto (chiasso di) **8** D 3
Mantellate (via delle) **3** A 4
Marsili (via de') **7** D-E 2
Martelli (via de') **5** B-C 3
Mártiri del Pópolo (via) **10** C 5
Marucelliana (biblioteca) **3** B 4
Matteotti, Giácomo (viale) **4** A-B 5-6
Mattonáia (via della) **4** C 6
Mazzetta (via) **7** D-E 2
Medícee (cappelle) **5** B 3
Médici (via de') **5** C 3
Médici, Anna Maria Luisa (lungarno de') **9** D 3-4
Medici Riccardi (palazzo) (Prefettura) **5-6** B 3-4
Melaráncio (via del) **2** B 3
Melegnano (via) **1** C 1
Mentana (piazza) **9** D 4
Mercato Centrale **5** B 3
Mercato Centrale (piazza del) **5** B 3
Mercato Nuovo (lóggia del) **8** C-D 3
Meridiana (viale della) **7** E 1-2
Mezzo (via di) **4** C 5-6
Michelángiolo (piazzale) **10** E 5-6
Micheli, Pier António (via) **4** A-B 5
Michelozzi (via de') **7** D 2
Militare (ospedale) **4** A 5
Mino (via) **10** C 6
Misure (chiasso delle) **8** D 3
Módena, Gustavo (via) **4** A 5
Mónaco, Guido (via) **1** A 1
Monalda (via) **8** C 3
Monte alle Croci (via del) **10** E 5
Montebello (via) **1** C 1
Mori (via de') **7** E 1
Moro (via del) **7** C 2
Mosca (via della) **9** D 4
Mozzi (piazza de') **9** E 4
Museo Archeológico **4** B 5
Museo Botánico **4** A 5

Museo Buonarroti **10** C-D 5
Museo degli Strumenti musicali antichi **6** B 4
Museo del Bigallo **5** C 3
Museo delle Pietre dure **6** B 4
Museo dell'Ópera del Duomo **6** C 4
Museo dell'Ópera di Santa Croce **10** D 5
Museo dell'Ópera Laurenziana **5** C 3
Museo di Dante **9** C 4
Museo di Firenze **3** C 4
Museo di San Marco **3** B 4
Museo di Stória della Scienza **9** D 3-4
Museo Horne **9** D 4
Museo Zoológico **7** E 2

N

Nazionale (biblioteca) **10** D 5
Nazionale (via) **2** B 3
Neri (via dei) **9** D 4
Niccolini (palazzo) **6** B 4
Niccolini (teatro) **6** C 4
Niccolini, Giovan Battista (via) **4** C 6
Noce, la (borgo) **5** B 3
Nonfinito (palazzo) **9** C 4
Nuova de' Caccini (via) **4** C 5

O

Oche (via dell') **6** C 4
Ognissanti (borgo) **1** C 1-2
Ognissanti (chiesa) **1** C 1-2
Ognissanti (piazza d') **1** C 1
Ólio (piazza dell') **5** C 3
Olmo (via) **10** E 5
Ópera del Duomo (museo dell') **6** C 4
Ópera di Santa Croce (museo dell') **10** D 5
Ópera Laurenziana (museo dell') **5** C 3
Oriuolo (via dell') **3** C 4
Oro (vícolo dell') **8** D 3
Orsanmichele (chiesa) **9** C 3-4
Orsanmichele (via) **9** C 3
Orti Oricellari (via degli) **1** B 1
Ortone (via dell') **10** C 6
Ospedale di San Giovanni di Dio **1** C 2
Ospedale Militare **4** A 5
Osteria del Guanto (via) **9** D 4
Ottaviani (piazza) **1** C 2

P

Palazzo Vécchio (Município) **9** D 4
Palazzuolo (via) **1** B-C 1-2
Palchetti (via dei) **7** C 2
Palmieri, Matteo (via) **10** C 5
Panciatichi (palazzo) **6** B 4
Pandolfini (palazzo) **3** A 4
Pandolfini (via de') **9** C 4
Panicale (via) **5** B 3
Panico (vícolo del) **8** D 3
Panzani (via) **1-2** C 2-3
Parioncino (via) **7** C 2
Parione (via del) **7** C 2
Parlascio (via del) **9** D 4
Pavone (via del) **7** D 2
Pazzi (cappella de') **10** D 5
Pazzi (palazzo dei) **9** C 4
Pecori (via de') **5** C 3
Pelliceria (via) **8** C-D 3
Pepi (via de') **10** C-D 5
Pérgola (teatro della) **4** C 5
Pérgola (via della) **4** B-C 5
Peri, Jácopo (via) **1** A 1
Peruzzi (piazza de') **9** D 4
Pesce (lóggia del) **10** C 5
Pesce (piazza del) **8** D 3
Pescioni (via de') **5** C 3
Piave (piazza) **10** D 6
Pier Capponi (via) **4** A 5-6
Pietrapiana (via del) **10** D 5
Pietre dure (museo delle) **6** B 4
Pilastri (via de') **4** C 5-6
Pinti (borgo) **10** D 5
Pinzóchere (via delle) **10** D 5
Pitti (palazzo) **7** E 2
Pitti (piazza de') **7** D-E 2

Pitti (sdrúcciolo de') **7** D 2
Poggi, Enrico (via) **2** A 3
Poggi, Giuseppe (piazza) **10** E 5
Poggi, Giuseppe (viale) **10** E 5-6
Porcellana (via del) **1** C 2
Por Santa Maria (via) **8** D 3
Porta Rossa (via) **8** C 3
Portinari, Folco (via) **3** C 4
Poste e Telégrafi **10** C 5
Poste e Telégrafi **8** C 3
Pratello (via del) **1-2** A 2-3
Prefettura (Palazzo Médici Riccardi) **5-6** B 3-4
Presbiteriana (chiesa) **7** D 2
Presto (via del) **9** C 4
Presto di San Martino (via del) **7** D 2
Preti (via dei) **7** D-E 2
Procónsolo (via del) **9** C 4
Pucci (palazzo) **6** B-C 4
Pucci (via de') **6** B-C 4
Purgatório (via del) **7** C 2

Q

Questura **3** A 4

R

Ramaglianti (via de') **8** D 3
Renai (via dei) **9** E 4
Repúbblica (piazza della) **8** C 3
Ricásoli (chiasso) **8** D 3
Ricásoli (palazzo) **7** C 2
Ricásoli (via) **6** B-C 4
Ridolfi, Cósimo (via) **2** A 3
Roma (via) **5** C 3
Romana (via) **7** E 1-2
Ronco (via del) **7** E 1
Rondinelli (via de') **5** C 3
Rosa (via della) **10** C 5
Rosina (via) **5** B 3
Rossi (piazza de') **8** D 3
Rucellai (lóggia dei) **7** C 2
Rucellai (palazzo) **7** C 2
Rucellai (piazza de') **7** C 2
Ruote (via delle) **3** A 4
Rústici (via de') **9** D 4

S

Salterelli (piazza de') **9** D 3
Salvagnoli, Vincenzo (via) **2** A 3
Salvémini, Gaetano (piazza) **10** C 5
Salvestrina (via) **3** A 4
San Benedetto (piazza di) **6** C 4
San Cristófano (via) **10** D 5
San Felice (chiesa) **7** E 2
San Felice (piazza) **7** E 2
San Firenze **9** D 4
San Firenze (piazza) **9** C-D 4
San Frediano **7** D 1
San Frediano (borgo) **7** D 1
San Frediano in Cestello (chiesa) **7** D 1
San Gaetano (chiesa) **5** C 2-3
San Gallo (via) **3** A-B 4
San Giórgio (costa di) **8** D-E 3-4
San Giórgio (porta) **8** E 3-4
San Giórgio o di Belvedere (forte di) **8** E 3
San Giovanni (piazza di) **5** C 3
San Giovanni Battista o da Basso (fortezza di) **1** A 2
San Giovanni di Dio (ospedale di) **1** C 2
San Giuseppe (via di) **10** D 5
San Jácopo (borgo) **7-8** D 2-3
San Lorenzo (basílica) **5** B-C 3
San Lorenzo (borgo) **5** B-C 3
San Lorenzo (piazza) **5** B 3
San Marco (chiesa e convento) **3** B 4
San Marco (museo di) **3** B 4
San Marco (piazza) **3** B 4
San Michele Visdómini (piazzetta) **6** C 4
San Miniato (porta) **10** E 5
San Miniato (via) **10** E 5
San Miniato Fra le Torri (via) **8** C 3
San Niccolò **9** E 4
San Niccolò (porta) **10** E 5-6

San Niccolò (via di) **9-10** E 4-5
San Pancrázio (ex chiesa) **7** C 2
San Pancrázio (piazza) **7** C 2
San Paolino (piazza di) **1** C 2
San Páolo (lóggia di) **1** C 2
San Pier Maggiore (piazza) **10** C 5
San Pier Maggiore (via) **10** C 5
San Pietro (volta di) **10** C 5
San Remígio (piazza) **9** D 4
San Remígio (via di) **9** D 4
San Simone (piazza di) **9** C-D 4
Santa Caterina d'Alessándria (piazza) **2** A 3-4
Santa Caterina d'Alessándria (via) **2** A 3-4
Santa Caterina da Siena (via) **1** B 2
Santa Cecília (piazza di) **9** D 3
Santa Croce (basílica) **10** D 5
Santa Croce (borgo) **9-10** D 4-5
Santa Croce (piazza di) **10** D 4
Santa Elisabetta (via) **9** C 4
Santa Felícita (chiesa) **8** D 3
Santa Felícita (piazza di) **8** D 3
Sant'Agostino (via) **7** D 1-2
Santa Lucia (via) **1** B 1
Santa Margherita (via) **9** C 4
Santa Maria (via) **7** E 1
Santa Maria del Cármine (chiesa) **7** D 1
Santa Maria del Fiore (duomo) **6** C 4
Santa Maria in Campo (piazza di) **9** C 4
Santa Maria Maggiore (chiesa) **5** C 3
Santa Maria Maggiore (piazza) **5** C 3
Santa Maria Novella (chiesa) **1** B 2
Santa Maria Novella (piazza) **1** C 2
Santa Maria Novella (stazione) **1** B 2
Santa Maria Nuova (arcispedale di) **3** C 4
Santa Maria Nuova (piazza di) **3** C 4
Santa Maria Soprarno (piazza di) **9** D 3
Sant'Ambrógio (chiesa) **10** C 6
Sant'Ambrógio (mercato) **10** C 6
Sant'Ambrógio (piazza) **10** C 6
Santa Mónaca (via) **7** D 1
Sant'Anna (via) **3** A 4
Sant'Antonino (via) **5** B 3
Sant'Apollónia (cenácolo di) e museo di Andrea
   del Castagno **3** B 3-4
Santa Reparata (via) **3** A-B 3-4
Santa Trinità (chiesa) **7** C-D 2
Santa Trinità (piazza) **8** C-D 3
Santa Trinità (ponte) **7** D 2
Santa Verdiana (via) **10** C-D 6
Sant'Egídio (via) **3-4** C 4-5
Santi Apóstoli (borgo) **8** D 3
Santi Apóstoli (chiesa) **8** D 3
Santíssima Annunziata (chiesa) **4** B 5
Santíssima Annunziata (piazza della) **3** B 4
Sant'Òrsola (via) **5** B 3
Santo Spírito **7** D 1-2
Santo Spírito (chiesa) **7** D 2
Santo Spírito (piazza) **7** D 2
Santo Spírito (via di) **7** D 2
Santo Stéfano (chiesa) **9** D 3
San Zanobi (via) **3** A-B 3-4
Sapiti (via de') **7** D 2
Saponai (via dei) **9** D 4
Sassetti (via de') **8** C 3
Sáuro, Nazário (piazza) **7** D 2
Savonarola, Fra' Girólamo (piazza) **4** A 6
Scala (via della) **1** B-C 1-2
Scalzo (chiostro dello) **3** A 4
Scarlatti (piazza degli) **7** D 2
Scarpúccia (costa) **8** E 3-4
Séggiole (via delle) **9** C 4
Semplici (giardino dei) **4** A-B 5
Serragli (via de') **7** D-E 1-2
Serristori (lungarno) **9-10** E 4-5
Serristori (palazzo) **10** E 5
Serumido (via) **7** E 1
Servi (via dei) **6** B-C 4
Sguazza (via) **7** D 2
Signoria (piazza della) **9** D 3-4
Sinagoga **4** C 6
Soderini (lungarno) **7** C-D 1
Soldanieri (chiasso de') **8** C 3
Sole (via del) **1** C 2
Spada (via della) **7** C 2
Spagnoli (cappellone degli) **1** B 2
Spedale degli Innocenti **4** B 5
Speziali (via degli) **9** C 3
Sprone (via dello) **7** D 2
Stazione (piazza della) **1** B 2
Stella (borgo della) **7** D 1
Stória della Scienza (museo di) **9** D 3-4

Stracciatella (via) **8** D 3
Strozzi (palazzo) **8** C 3
Strozzi (piazza degli) **8** C 3
Strozzi (via degli) **8** C 3
Strozzi (vícolo degli) **8** C 3
Strozzi, Filippo (viale) **1-2** A 2-3
Strumenti musicali antichi (museo degli) **6** B 4
Stúdio (via dello) **6** C 4
Stufa (via della) **5** B 3

T

Taddea (via) **5** B 3
Tavolini (via dei) **9** C 3-4
Teatina (via) **5** C 3
Tegoláio (borgo) **7** D-E 2
Terme (via delle) **8** D 3
Tessitori (lóggia dei) **3** A 4
Thouar, Pietro (via) **10** D 6
Tintori (corso dei) **9-10** D 4-5
Tintori (volta dei) **9** D 4
Tornabuoni (via de') **8** C-D 3
Tornaquinci (lóggia dei) **5** C 3
Torrigiani (lungarno) **9** D-E 3-4
Torrigiani (palazzo) **9** E 4
Torta (via) **9** D 4
Toscanella (via) **7** D 2
Tosinghi (via de') **5** C 3
Trébbio (via del) **1** C 2
Tre Re (piazza dei) **9** C 3
Trípoli (via) **10** D 5-6

U

Uffizi (galleria degli) **9** D 3-4
Uffizi (piazzale degli) **9** D 3
Ulivo (via dell') **10** C 5
Unità Italiana (piazza dell') **1** B 2
Università **3** B 4

V

Vaccheréccia (via) **9** D 3
Vagellai (via dei) **9** D 4
Valfonda (via) **1** A-B 2
Valori, Francesco (via) **4** A 5-6
Vécchia (volta della) **7** C 2
Vecchietti (via de') **5** C 3
Vécchio (palazzo) (Município) **9** D 4
Vécchio (ponte) **8** D 3
Velluti (via de') **7** D 2
Vellutini (via de') **7** D 2
Venézia (via) **4** A 5
Ventisette Aprile (via) **3** A-B 3-4
Verdi (teatro) **10** C-D 5
Verdi, Giuseppe (via) **10** C-D 5
Verrazzano, Giovanni da (via) **10** D 5
Verròcchio, Andrea del (via) **10** C 6
Vespucci, Amerigo (lungarno) **7** C 1-2
Vigna Nuova (via della) **7** C 2
Vigna Vécchia (via della) **9** C-D 4
Vinegia (via) **10** D 4

Z

Zanetti, Ferdinando (via) **5** C 3
Zannoni, Giovan Battista (via) **5** B 3
Zara (via) **4** A 4
Zecca (torre della) **10** D 6
Zecca Vécchia (lungarno della) **10** D 5-6
Zoológico (museo) **7** E 2

COMUNE DI FIRENZE

A

Abba, Giuseppe Césare (via) **27** C 15
Abbati, Giuseppe (via) **23** E 11

Abeti (via degli) **23** D 11
Acácie (via delle) **23** E 11
Accadémia (galleria dell') **27** E 15
Accadémia del Cimento (via dell') **13** B 11
Acciaiuoli (lungarno degli) **35** E-F 14
Accolti, Benedetto (via) **39** F 18
Accúrsio (via) **44** H 13
Áceri (via degli) **23** E 11
Acuto, Giovanni (via) **49** G 18
Adriani (via) **39** F 18
Ádua (piazza) **25** D-E 14
Aeronáutica (viale dell') **22** C 9-10; **23** C-D 10-11
Aeroporto Civile (Luigi Gori) **12** A 9
Affari (palazzo degli) **25** D 14
Affrico (torrente) **30** C 19
Agli (via degli) **35** E 14
Agnelli, Giovanni (via) **49** H 18
Ágnolo (via dell') **36** E 16
Agostino di Dúccio (via) **33** F 10
Agrário e Forestale (istituto) **23** D 11
Agrifogli (via degli) **23** D 10-11
Alamanni, Luigi (via) **25** D-E 14
Albania (via) **50** G 19
Albereta (viale dell') **39** F 18
Álbero (via dell') **25** E 14
Alberti, Leon Battista (piazza) **39** E 18
Albertinelli, Mariotto (via) **33** E 10
Albizi (borgo degli) **36** E 15
Alderotti, Taddeo (via) **15** B 14
Aldini, Giovanni (via) **29** C-D 17-18
Aleardi, Aleardo (viale) **34** E-F 13
Alessi, Guido (via) **13** C 11
Alfani (via degli) **27** E 15
Alfieri, Vittório (via) **28** E 16
Alighieri, Dante (via) **36** E 15
Allegri (borgo) **36** E-F 16
Allende, Salvador (via) **13** B 11
Allori (cimitero evangélico degli) **44** H 12
Allori, Alessandro (via) **13** B-C 10
Alloro (via dell') **25** E 14
Almansi (villa) **44** H 12
Almerico da Schio (via) **13** B 11
Alpino, Próspero (via) **50** G 19
Altamura, Francesco Savério (via) **22** D 10
Amari, Michele (via) **29** D 18
Ambrógio di Baldese (via) **33** F 10
Améndola, Giovanni (viale) **38** E-F 16-17
Amici, Giovan Battista (via) **29** D 18
Ammannati, Bartolomeo (via) **23** E 11
Ammirato, Scipione (via) **39** E 17-18
Amorino (via dell') **25** E 14
Ancillotto, Giovanni (via) **13** C 10
Anconella (acquedotto dell') **40** F 19
Anconella (via dell') **35** E 13
Andorra (via) **50** G 19
Andrea da Pontedera (via) **33** E-F 10
Andrea del Castagno (via) **28** D 17
Andrea del Sarto (cenácolo di) **39** E 18
Andrea del Sarto (via) **39** E 18
Andrea del Verrócchio (via) **36** E 16
Andrea di Bonaiuto (via) **33** F 10-11
Andreotti, Líbero (via) **23** E 10
Angiolino dei Corbizi (via) **14** C 12
Anguillara (via dell') **36** E 15
Antinori (palazzo) **35** E 14
Antinori (via degli) **35** E 14
Antognoli, Adolfo (via) **14** B 13
Antonelli (piazza) **29** D 18
António da Noli (via) **14** B 12-13
António del Pollaiolo (via) **23** E 10-11
Arazzieri (via degli) **27** D 15
Arcetri **46** H 15
Archeológico (museo) **28** E 16
Arcipressi (via degli) **33** F 10
Arcispedale di Santa Maria Nuova **27** E 15
Arcivescovado (palazzo dell') **27** E 15
Arcoláio (via dell') **30** D-E 19
Arcovata (via dell') **25** C 13
Ardiglione (via dell') **35** F 14
Aretina **39-40** E-F 18-20
Aretino, Spinello (via) **33** E 11
Argin Grosso (via dell') **21-22** C-D 7-10
Ariento (via dell') **27** E 14-15
Ariosto, Ludovico (viale) **35** E-F 13
Arno (fiume) **35** E 13
Arnolfo (via) **38** F 17
Arrighetti (villa) **46** G 15
Arrigo da Settimello (via) **30** E 19
Arte (istituto d') **35** F-G 14
Artisti (via degli) **28** D 16
Artom, Eugénio (piazza) **13** B 11

Aselli, Gáspare (via) **15** A 14
Asse (ponte all') **25** C 13
Assise e d'Appello (corte d') **27** D 15
Assisi (via) **22** D 9
Asso (villa) **38** F-G 16
Astrofísico (osservatório) **46** H 15
Astronáuti (via degli) **12** B 9-10
Attavante (via) **31** F 8
Aurora alla Quercie (villa) **19** C 17
Áustria (via) **40** G 20
Azalee (via d') **23** E 11

B

Bacci, Felice (piazza) **50** I 19
Báccio d'Agnolo (via) **23** E 11
Báccio da Montelupo (via) **31-32** E-F 7-10
Bachiacca (via della) **33** E 10
Badia a Rípoli **50** G 19
Badia a Rípoli (abbazia) **40** G 20
Badia a Rípoli (piazza di) **50** G 19-20
Badia a Rípoli (via di) **40** G 19-20
Badia Fiorentina **36** E 15
Badiuzza **49** H 18
Bagnese (via delle) **42** G-H 9-10; **43** I 11
Bagnese, le **42** G 9
Baldáccio d'Anghiari (via) **49** G 18
Baldassarre e Lorenzo, Fra' (via) **11** B 8
Baldesi, Augusto (via) **29** C-D 18
Baldi (villa) **29** C 18
Baldinucci, Filippo (piazza) **25** D 14
Baldovinetti, Aléssio (via) **33** F 11
Baldovini (via de') **39** F 17
Balducci Pegolotti, Francesco (via) **14** C 12
Baluardo (via del) **35** F-G 14
Bambini (viale dei) **23** D-E 11
Banchi (via dei) **25** E 14
Bandi, Giuseppe (via) **30** D 19
Bandiera, Fratelli (via) **29** E 18
Bandinelli, Báccio (via) **24** E 12
Bandini, Ángelo Maria (via) **25** C 14
Bandini, Sallústio (via) **15** C 14
Bandino **50** G 19
Bandino (via del) **39** F-G 18
Banti, Guido (via) **15** B 14
Baracca, Francesco (via) **12** B-C 9-10; **13** C 10-11
Baracchini, Flávio Torello (via) **13** B-C 11
Barazzuoli, Augusto (via) **40** F 19
Barbacane (via di) **19** B-C 18
Barbadori (via de') **35** F 14
Barbadoro (villa) **50** H 20
Barbano (via di) **27** D 14-15
Barbera, Gáspero (via) **25** C 14
Barberi (galoppatóio dei) **22** C-D 9-10
Barbi (vícolo dei) **28** C 16
Barbieri, Vittório (via) **14** A 13
Barco (via del) **13** C 10
Barco, il **23** C 10-11
Bardazzi, Ruggero (via) **13** C 11
Bardelli, Lorenzo (via) **15** B 14
Bardi (via de') **36** F 15
Barducci, Aligi (via) **15** A 13
Barellai, Giuseppe (via) **30** D-E 19
Bargello (palazzo) **36** E 15
Bargeo (via del) **30** E 19
Barna (via) **33** F 11
Barni, Camillo (via) **44** I 12-13
Baronta **43** H 11
Barsanti, Eugénio (via) **14** B 12
Bartoli, Adolfo (via) **30** E 19
Bartolini, Lorenzo (via) **35** E 13
Bartolommei (viuzzo) **17** A 15
Bartolommei, Ferdinando (via) **27** D 15
Bartolommeo, Fra' (via) **28** D 16
Basili, Francesco (via) **12** B 9
Bassa (via) **31** E 7
Bassi (via dei) **22** D-E 9
Bassi, Ugo (viale) **29** D 18
Basso o di San Giovanni Battista (fortezza da)
25 D 14
Bastianelli, Giannotto (via) **13** C 11
Bastioni (via dei) **38** F 16-17
Batoni, Pompeo (piazza) **23** E 11
Battisti, Césare (via) **27** D-E 15
Beata Ángela (via) **44** H 13
Beata Umiliana (via) **44** G 12-13
Beato Ippólito Galantini (via) **44** G 13
Beccafumi, Doménico (via) **23** E 11
Beccari, Odoardo (via) **50** G 19

Beccaria, Césare (piazza) **38** E 16-17
Becciolini, Giovanni (via) **14** A 13
Belfiore (viale) **25** D 13-14
Bélgio (via) **40** G 19
Bellariva **39** F 18
Bellariva (piscina di) **40** F 19
Bellariva (via di) **39** F 18
Belle Donne (via delle) **35** E 14
Bellini, Lorenzo (via) **45** G 13
Bellini, Vincenzo (via) **24** C-D 13
Bellosguardo **34** F 12-13
Bellosguardo (piazza di) **34** F 12
Bellosguardo (torre di) **34** F 12-13
Bellosguardo (via di) **34** F 12-13
Belvedere (via di) **36** F 15
Belvedere (villa) **50** H 20
Belvedere o di San Giórgio (forte di) **36** F 15
Benci (via de') **36** F 15
Benedetta (via) **25** E 14
Benedetto da Foiano (via) **45** G 14
Benivieni, Girólamo (via) **28** D 16
Benúccio da Orvieto (via) **40** F 20
Benvenuti, Pietro (via) **23** E 11
Berchet, Giovanni (via) **28** C 16
Berignolo (via del) **15** A 14
Berlinghieri, Bonaventura (via) **23** E 11
Bernardino Pio (piazza) **40** G 19
Berni, Francesco (via) **34** E-F 13
Berretti (villa) **17** A 15
Berságlio (via del) **28** C 16
Berta (villa) **37** G 15
Bertani, Agostino (via) **30** D 19
Bertelli, Timóteo (via) **28** C-D 17
Betania (villa) **45** G 14
Betti, Pietro (via) **30** C 19
Bezzecca (via) **17** C 15
Bezzuoli, Giuseppe (via) **22** E 10
Biagi, Guido (via) **30** E 19
Bianchi, Celestino (via) **17** C 14
Biancospino (via del) **23** D-E 11
Bibbiena (via) **32** E 9
Biblioteca Nazionale **36** F 15-16
Bigazzi **34** F 12
Bigazzi (villa) **34** F 12
Bigozzi (vícolo dei) **27** C 15
Bini, Carlo (via) **15** B-C 13
Bisarno (castello di) **40** G 20
Bisarno (via del) **40** F-G 20
Bisénzio (via) **13** B 11
Bíxio, Nino (via) **29** D 17
Bóboli (giardino di) **35** F 14
Bobolino **45** G 14
Bobolino (via del) **37** G 14
Boccáccio, Giovanni (via) **18** B-C 16-17; **19** B 17-18
Boccherini, Luigi (via) **24** C 12
Bocchi, Francesco (via) **39** F-G 18
Bocci, Enrico Guido (via) **15** A 13
Boccioni, Umberto (via) **23** E 10-11
Boddi, i **44** H-I 13
Boffito, Padre Giuseppe (via) **12** B 9
Bóito, Arrigo (via) **23** C 11
Boldini, Giovanni (via) **32** E 9
Bolognese (via) **17-18** A-C 15-17
Bolognese Vécchia (via) **19** A 17
Bonaini, Francesco (via) **25** C 14
Bonazza (villa) **40** E-F 20
Boncinelli, Evaristo (via) **23** E 10
Bonichi, Gino (via) **23** D-E 10
Borelli, Giovanni Alfonso (via) **45** H 13
Borghese (palazzo) **36** E 15
Borghetto **49** I 18
Borghetto (vícolo del) **44** I 12-13
Borghini, Vincenzo (via) **28** C 16
Borrani, Odoardo (via) **23** D 10
Borsi, Giosuè (via) **43** I 11
Boschetto (largo del) **33** E 11
Boschetto, il **34** E 12
Bosco Bello (villa) **19** B 18
Bóscoli, Pietro Páolo (largo) **39** F 18
Botánico (museo) **28** D 16
Botta, Carlo (via) **28** E 17
Bóttego, Vittório (via) **14** B 12-13
Botticelli, Sandro (via) **28** D 16
Botticini, Francesco (via) **33** E 10-11
Bóvio, Giovanni (via) **28** E 17
Bráccio da Montone (via) **39** G 18
Bracciolini, Póggio (via) **39** F 18
Braggiotti (villa) **17** B 15
Bramante, Donato (via) **22** E 9
Brambilla, Giovanni Alessandro (largo) **15** A 14

Brancacci, Felice (via) **14** C 12
Brandini, Ciuto (via) **49** G 18
Brichieri-Colombi (villa) **34** F 12
Brivo, Cecco (via) **32** E-F 10
Bronzetti, Fratelli (via) **29** D 18
Bronzino (via) **24** E 12
Brozzi (via di) **11** B 7
Brunelleschi (rotonda del) **27** E 15
Brunelleschi, Filippo (piazza) **27** E 15
Brunetti, Filippo (via) **18** C 17
Bruni (via dei) **18** B-C 16
Bruni (viuzzo dei) **28** C 16
Bruni, Leonardo (via) **39** F 18
Bruno, Giordano (via) **28** E 17
Bufalini (via) **27** E 15
Buffalmacco (via) **18** C 17
Bugiardini, Giuliano (via) **31** F 8
Buonarroti, Michelángiolo (via) **36** E 16
Buondelmonti (via de') **44** I 12
Buonsignori, Stéfano (via) **24** C 12-13
Buonvicini, Fra' (via) **28** D 16
Buozzi, Bruno (via) **11** B 8
Burchiello, Doménico (via) **34** F 13
Burci, Carlo (via) **15** B 14
Burella (via delle) **36** E 15

C

Caboto (via dei) **14** B 12-13
Caccini, (via Nuova de') **28** E 16
Caccini, Giúlio (via) **15** A 13-14
Caciolle (via di) **14** B 12
Cadorna (viale dei) **25** C-D 14
Caduti di Cefalónia (via) **13** C 11
Cairoli (via) **29** C-D 17-18
Calandrino (via) **28** C 16-17
Calatafimi (viale) **29** D 18
Caldáie (via delle) **35** F 14
Calderara, Mário (via) **12** B 9
Calimala (via) **36** E 15
Calò, Eugénio (via) **15** A 13
Calvane (viuzzo delle) **12** B 9
Calvi, Pier Fortunato (via) **29** E 18
Calza (piazza della) **35** F 13
Calzaiuoli (via dei) **36** E 15
Calzolari, Francesco (via) **50** G 19
Camáldoli (via di) **35** F 13
Cambi, Ulisse (via) **32** E 9
Camélie (via delle) **23** D-E 11
Camerata **19** B 18
Camerata (ospedale di) **19** B 18
Camerata (via di) **19** B-C 18
Camerata (villa) **30** C 19
Cammori (via di) **11** B 7
Campana, Dino (via) **30** D 20
Campanella, Tommaso (via) **39** E 17
Campani, Giuseppe (via) **14** B 12
Campi (villa) **49** H 17
Campidóglio (via del) **36** E 15
Campigliano (via di) **50** I 19
Campo D'Arrigo (via) **29** D-E 17-18
Campo di Marte **29** D 18
Campo di Marte (stazione) **29** D-E 17
Campo di Marte (via del) **29** E 18
Campofiore (via) **39** E-F 17-18
Cámpora (via delle) **43-44** G-I 11-13
Cámpora, le **44** G 12
Camporeggi (via di) **27** D 15
Camposanto (via del) **12** C 8-9
Campo sportivo A.S.S.I. **38** G 16
Campúccio (via del) **35** F 13-14
Canacci (via de') **25** E 14
Canale (via del) **11** B 8
Cancellino (villa del) **19** B 17
Canne (viuzzo delle) **39** E 17
Cannicci, Niccolò (via) **23** E 10
Canova, António (via) **21-22** D-E 8-10
Cantagalli (via) **35** G 13
Canto de' Nelli (via del) **27** E 15
Cantone (via del) **30** D 19
Cantù, Césare (largo) **27** C 15
Caparra (via del) **33** E 11
Capitani di Parte Guelfa (palazzo dei) **36** E 15
Capo di Mondo (via) **39** E 17
Caponsacchi, Gherardo (via) **39** F-G 18
Cappellini, Alfredo (via) **13** C 11

Capponi (villa) **46** G-H 15
Capponi, Gino (via) **28** D-E 16
Capponi, Pier (via) **28** D 16
Cappuccine (convento delle) **17** B 15
Cappuccini (via dei) **15** B-C 14
Cappuccini di Montughi (convento) **15** C 14
Caproni, Giovanni (via) **11** B 8
Carácciolo, Francesco (via) **18** B-C 16-17
Carafa, Éttore (via) **18** C 16
Cardatori (via dei) **35** E 13
Cardinale Elia Dalla Costa (piazza) **39** G 18
Cardinal Latino (via) **39** F 18
Cardinal Leopoldo (viale) **44** G 13
Carducci, Giosuè (via) **28** E 16
Careggi **16** A 15
Careggi (ospedali riuniti di) **15** A 14
Careggi (via di) **18** A 16
Caríssimi, Giácomo (via) **13** C 11
Carletti, Francesco (via) **12** B 9
Carlo d'Angiò (via) **40** G 19
Carmelitane (convento delle) **17** B 15
Cármine (piazza del) **35** F 14
Carnesecchi, Pietro (via) **29** D 17-18
Caro, Annibal (via) **24** E 12
Carocci, Guido (via) **40** E 20
Carota (strada comunale del) **50** I 20
Carra (via delle) **25** D 14
Carráia **31** E 8
Carráia (ponte alla) **35** E 14
Carráia (serbatóio di) **37** G 15
Carráia (via di) **12** B 9-10
Carráia (viuzzo di) **12** A-B 10
Carrand, Luigi (via) **18** B 17
Carrara (via) **22** D 9
Casáccia (via della) **40** F 19
Casamorata (via) **15** B 14
Casati, Gábrio (via) **39** E-F 18
Cascine (ippódromo delle) **24** D 12
Cascine (piazzale delle) **23** D 11
Cascine (stazione delle) **12** C 9
Cascine (via delle) **23** D 11
Cascine, le (parco) **22** C 9-10; **24** D 12
Case, le **43** H 10
Casella (via della) **31** E 8
Caselli (via) **29** D 17
Casentino (via) **13** B 11
Case Nuove (viuzzo delle) **32** F 9
Casine (via delle) **38** F 16
Casone (via del) **35** F 13
Cássia (via) **25** D 13
Cassioli, Amos (via) **22** E 10
Castaldi, Luigi (via) **15** B 14
Castelfidardo (via) **29** D 18
Castelláccio (via del) **27** E 15
Castelli, Benedetto (via) **45** G 13
Castelvécchio (villa del) **48** G-H 17
Castracani, Castrúccio (via) **11** B 8
Castri (via dei) **11** A-B 8
Catalani, Alfredo (via) **25** D 13
Catena (viale della) **24** D-E 12
Cattáneo, Carlo (via) **40** F 20
Cava (vícolo della) **36** F 15
Cavalcanti, Guido (via) **28** C-D 17
Cavalieri di Vittório Véneto (piazza dei) **14** A 13
Cavalla (via della) **11** B 8
Cavalláccio (via del) **31** E 8
Cavalleggeri (piazza dei) **36** F 15-16
Cavallotti, Felice (via) **24** E 13
Cave di Monteripaldi (via delle) **45** I 14
Cavour (via) **27** D-E 15
Cecchi, Fratelli (via) **12** B 9
Cecchi, Giovanni Maria (via) **39** F 17
Cecioni, Adriano (via) **23** E 10-11
Cecoslovacchia (via) **40** G 19
Cellini, Benvenuto (lungarno) **38** F 16
Celso (via) **15** B-C 14
Cenácolo di Andrea del Sarto **39** E 18
Cenácolo di Sant'Apollónia **27** D 15
Cennini, Bernardo (via) **25** D 14
Cento Stelle (via delle) **29** D 18
Centro Técnico Federale F.I.G.C. **30** D 20
Centro Traumatológico Ortopédico **15** B 14
Cerbine (via delle) **18** C 16-17
Cerchi (via de') **36** E 15
Cernáia (via della) **27** C-D 14-15
Cerretani (via de') **27** E 14-15
Certaldo (via) **32** E 10
Cesalpino, Andrea (via) **15** B 13-14
Cestello (piazza di) **35** E 14
Chelazzi **45** I 14
Cherubini, Luigi Salvatore (via) **28** D 16

Chiantigiana (via) **50** G-I 19
Chiari (villa) **19** C 17
Chiari, Arturo (via) **12** B 9
Chiarugi, Vincenzo (ospedale psichiátrico) **40** E 19
Chiarugi, Vincenzo (via) **39** E 18
Chiassone (via del) **43** H 10-11
Chiesa (via della) **35** F 13-14
Chiesa, Damiano (via) **29** E 18
Chiesino (via del) **24** E 12
Chimenti (via) **23** E 11
Chini, Galileo (via) **23** E 11
Chiocchini (villa) **34** F 12
Chiusi (via) **22** D 9
Cialdini, Enrico (viale) **29** E 18
Cigoli, Ludovico (via) **23** E 10-11
Cilea, Francesco (via) **25** D 13
Ciliégio, il **20** C 19
Cimabue (via) **38** E-F 17
Cimarosa, Doménico (via) **25** D 13
Cimitero degli Inglesi **28** D-E 16
Cimitero della Misericórdia **28** D 16-17
Cimitero della Misericórdia **33** F 10-11
Cimitero delle Porte Sante **38** G 16
Cimitero di Rifredi **14** A-B 12
Cimitero evangélico degli Allori **44** H 12
Cimitero Israelítico **14** B 12
Cimitero Israelítico **35** E 13
Cimitero Santa Lucia **44** I 12
Cino da Pistóia (via) **18** C 17
Cínque Giornate (via delle) **25** C-D 14
Cínque Vie (via delle) **48** I 16-17
Cínque Vie primo **49** H 17-18
Cínque Vie secondo **49** H 18
Ciolini, Ferdinando (via) **44** H 13
Ciompi (piazza dei) **36** E 16
Cionfo (vícolo del) **18** A-B 16-17
Cionfo, il **18** A 17
Cipressi (viale dei) **35** F 14
Cipressi (villa dei) **33** F-G 11
Circondária (via) **25** C 13-14
Cirillo, Doménico (via) **28** C 16
Cironi, Pietro (via) **25** C 13-14
Ciseri, António (via) **22** D 10
Cisterna (villa della) **17** B 15
Cittadella (via) **25** D 13-14
Civitali, Matteo (via) **32** E-F 10
Clásio (via del) **30** E 19
Clementi, Múzio (via) **13** C 10-11
Cocchi, António (via) **29** C-D 18
Cocco (via di) **11** B-C 7
Collégio alla Querce **29** C 17
Colletta, Pietro (via) **28** E 17
Colombáia (podere) **43** H 11
Colombáia, la **34** G 13
Colombo, Cristóforo (lungarno) **39** F 17-18
Colonna (via della) **28** E 16
Colzi (villa) **48** G 16
Compagni, Dino (via) **28** C 17
Compagnie (via delle) **12** B 9
Comparetti, Doménico (via) **40** E 20
Comunale (stádio) **29** D 18
Comunale (teatro) **25** E 13
Conce (via delle) **36** E-F 16
Conciatori (via dei) **36** F 16
Condotta (via della) **36** E 15
Confalonieri, Federico (via) **18** B 17
Confine (via del) **30** D 19
Congressi (palazzo dei) **25** D 14
Cónsole, Gustavo (via) **14** A 13
Consuma, la **47** I 15
Conti (via de') **27** E 15
Conti, Augusto (piazza) **28** D 16
Coppo di Marcovaldo (via) **33** F 11
Cora (villa) **45** G 14
Corbinelli (via dei) **44** I 12
Corcos, Vittório (via) **22** E 10
Corelli, Arcángelo (via) **13** C 10-11
Cornácchie (viale delle) **22** C 10
Corridoni, Filippo (via) **15** B-C 13-14
Corsali, Andrea (via) **14** C 12
Corsi (galleria) **36** F 15
Corsi, Ugo (via) **15** B 13
Córsica (via) **25** C 13
Corsini (lungarno) **35** E 14
Corsini (palazzo) **35** E 14
Corso **36** E 15
Cortéccia, Francesco (via) **24** C 12
Corti (viuzzo delle) **43** F-G 16
Cortona (via) **32** E 10
Cósimo il Vécchio (via) **16** A 15
Cosseria (via) **25** D 14

Costetti (via) **32** E 9
Costituzione (piazza della) **25** D 14
Costoli (piscina) **29** E 18
Coverciano **30** D 20
Coverciano (via di) **30** D 19
Coverelli (via de') **35** F 14
Cremani (via) **44** I 12
Crimea (via) **25** D 14
Crispi, Francesco (via) **27** C-D 15
Cristina di Belgioioso (via) **30** D 19
Cristófori, Bartolomeo (via) **25** D 13
Croce (borgo la) **38** E 16
Croce (porta alla) **38** E 16-17
Croce, Benedetto (viale) **50** H 20
Croce di Soffiano **32** F 10
Croci (monte alle) **38** G 16
Crocifisso delle Torri (viuzzo del) **22** E 9
Crónaca (via del) **33** E 11
Cuoco (via) **18** C 17
Cúpola (via della) **11** B 8
Cure (piazza delle) **28** C 16
Cure, le **28** C 16-17
Curtatone (via) **25** E 13
Curva (via) **44** I 12

D

Daddi, Bernardo (via) **33** F 11
Da Gama, Vasco (via) **14** B 13
Dalla Costa, cardinale Elia (piazza) **39** G 18
Dall'Óngaro, Francesco (via) **19** B 17
Dalmázia (piazza) **15** B 13
D'Ancona, Alessandro (via) **30** E 20
Dándolo, Fratelli (via) **29** E 18
D'Andrea, Giusto (via) **32** E-F 10
Daneo (villa) **49** H 18
Danimarca (via) **50** G 19
D'Annúnzio, Gabriele (via) **30** D-E 19-20
Dante da Castiglione (via) **45** G 13-14
Danti, Ignázio (via) **24** C 13
Dati, Goro (via) **39** E 17
Datini, Francesco (via) **39** F-G 18
D'Azéglio, Mássimo (piazza) **28** E 16
De Amicis, Edmondo (viale) **29-30** D-E 18-19
De Bernardi, Mário (via) **11** B 8
De Bosis, Láuro Adolfo (via) **11** B 8
De Gásperi, Alcide (largo) **40** F 19
Dei, Benedetto (via) **14** B-C 12-13
Delagrange, Léon (via) **12** B 9-10
De Lauger (via) **28** D 16
Del Buono, Sebastiano (via) **11** B 8
Del Garbo, Dino (via) **15** B 14
Del Greco, Carlo (via) **14** A 13
Della Casa, Giovanni (via) **24** E 12
Della Gatta, Bartolomeo (via) **33** F 11
Della Róbbia (via dei) **28** D-E 16-17
Della Valle, Pietro (via **14** C 13
Delli, Dello (via) **31** F 8
Del Lungo, Isidoro (piazza) **28** D 16
Del Prete, Carlo (via) **14** B-C 12-13
Demidoff (piazza) **36** F 15
De Nicola, Enrico (via) **40** F 19-20
De Nittis, Giuseppe (via) **23** E 10-11
De Pinedo, Francesco (via) **14** B 12
De Pisis, Filippo (piazzetta) **23** E 10-11
De Robertis, Giuseppe (via) **30** E 20
De Sanctis, Francesco (via) **39** E-F 18
Diamante, Fra' (via) **23** E 11
Diaz, generale (lungarno) **36** F 15
Di Cósimo, Piero (via) **34** E-F 12
Di Giovanni, Bertoldo (via) **24** E 12
Divisione Garibaldi (via) **22** E 9
Di Vittório, Giuseppe (via) **11** A 8
Dógali (via) **28** D 17
Dogana (via della) **27** D 15
Dolci, Carlo (piazza) **32** F 9-10
Dolfi, Giuseppe (via) **27** D 15
Donatello (piazzale) **28** D-E 16
Donati Forese (via) **19** C 18
Don Giovanni Minzoni (viale) **28** C-D 16
Don Giúlio Facibeni (via) **15** B 13
Doni, Anton Francesco (via) **24** C-D 12-13
Donizetti, Gaetano (via) **24** D 12
Don Lorenzo Perosi (via) **12** B-C 10
D'Orso, António (via) **30** D-E 19
Dósio, Giovanni António (via) **23** E 11
Dostoevskij, Fédor Michajlovic (viale) **22** C-D 10
Drago d'Oro (via del) **35** E-F 13
Dresda (piazza) **40** F 19

Duca d'Aosta (via) **27** D 15
Duca degli Abruzzi (viale) **38** F 16-17
Dúccio di Buoninsegna (via) **33** F 11
Due Strade, le **44** H 13
Duomo (piazza del) **27** E 15
Duprè, Giovanni (via) **29** D 17-18
Duse, Eleonora (viale) **30** D 19

E

Edimburgo (via) **40** F-G 19
Edison, Tommaso Alva (piazza) **29** C 18
Einaudi, Luigi (via) **39** F 18
Elba (piazza dell') **13** C 11
Ellera, (podere l') **46** I 15
Ema (torrente) **48** I 16
Ema primo **48** I 17
Ema secondo **48** I 16
Emília (villa) **18** B 16
Emília (villa) **18** A 16
Émpoli (via) **32** E 9
Enrico il Navigatore (via) **14** B 12-13
Enriques Agnoletti (via) **14** A 13
Erbosa (via) **40** F-G 19
Erta (passo all') **48** G 16
Erta Canina (via dell') **37** F-G 15
Esposizioni (palazzo delle) **25** D 14
Etrúria (viale) **32** E 9-10
Europa (viale) **50** G 19-20
Eustáchio (via) **15** B 14

F

Fabbri, Egisto (via) **25** C 14
Fabbricotti (villa) **17** C 15
Fabiani, Mário (via) **13** B 11
Fabroni, Giovanni (via) **27** C 14-15
Faccioli, Arístide (via) **12** B 9
Facibeni, Don Giúlio (via) **15** B 13
Faentina (via) **18** B-C 16-17
Faenza (via) **25** D-E 14
Fagiuoli, Giovan Battista (via) **29** E 18
Falcucci (via de') **30** E 19
Faldi (villa) **18** C 16
Fanfani, Pietro (via) **14** A 12
Fanti, Manfredo (viale) **29** D-E 17-18
Fardella di Torrearsa, Vincenzo (piazza) **30** D 19
Farinata degli Uberti (via) **35** G 14
Farini, Luigi Carlo (via) **28** E 16
Farinola (villa) **42** G 9
Fasola (villa) **39** G 17
Fattori, Giovanni (via) **28** D 16
Favorita, la **29** C 18
Federico da Montefeltro (via) **49** G 18
Federico d'Antióchia (via) **40** G 19
Federighi (via dei) **35** E 14
Fedi, Pío (via) **22** D 9-10
Fermi, Enrico (largo) **45** H 14
Ferrarin, Arturo (via) **11** B 8
Ferraris, Galileo (piazza) **29** D 17-18
Ferrero (via) **50** I 19
Ferrone (podere) **43** G 10
Ferrone (via del) **43** G 10-11
Ferrone a Bagnáia (strada vicinale del) **43** G 10
Ferroni (galleria) **25** D-E 14
Ferroni (palazzo) **35** E-F 14
Ferrucci, Francesco (lungarno) **38** F 17
Ferrucci, Francesco (piazza) **38** F 16-17
Fez (via) **40** F-G 19
Fiammetta (via) **30** D 20
FIAT **14** C 12
Fibbiai (via dei) **27** E 15
Fibonacci, Leonardo (via) **29** C-D 18
Ficalbo, il **49** G 17
Ficino, Marsílio (via) **28** D 16
Fico (via del) **36** E 16
Fiesolana (via) **28** E 16
Filadélfia (via) **40** F-G 19
Filangieri, Gaetano (via) **18** B-C 17
Filarete (via del) **33** F 10-11
Filarocca **28** E 19
Filippo degli Ugoni (via) **39** F-G 18
Finaly (villa) **18** B 16
Finiguerra, Maso (via) **25** E 14
Finlándia (via) **50** G 19
Fioravanti (villa) **34** F 12-13
Fiorentina (badia) **36** E 15

Firenze (museo di) **27** E 15
Firenze Nova **14** B 12-13
Física (istituto di) **45** H 14
Fiume (via) **25** D-E 14
Fogazzaro, António (via) **30** E 19
Foggini, Giovanni Battista (via) **23** E 10
Foligno (via) **22** D 9
Folli, Francesco (via) **15** B 14
Fondelli (villa) **49** H 18
Fonderia (via della) **24** E 13
Fonseca Pimentel, Eleonora (via) **18** B-C 17
Fontallerta **30** C 19
Fontallerta **49** I 17
Fontana, Felice (via) **24** C-D 13
Fonte, la (villa) **45** H 13-14
Fontebuoni (via) **30** D 19
Fonte Nuova **49** H 18
Fonti, le **45** I 14
Fonti, le **18** A 16
Fórbici (via delle) **19** B-C 17-18; **29** C 17
Forese Donati (via) **19** C 18
Forlanini, Enrico (via) **14** C 12
Fornace **21** C 8
Fornace (via della) **38** F 16
Fornacione, il **33** F 10
Fornaro (podere) **43** I 11
Forte di San Giórgio (via del) **36** F 15
Fortezza (via della) **25** D 14
Fortini, Benedetto (via) **49** G-I 17-18
Fóscolo, Ugo (via) **34** F-G 12-13
Fossi (via de') **35** E 14
Fossi (villa) **34** G 12-13
Fosso Macinante (via del) **24** D-E 13
Fossombroni (via) **28** E 17
Fra' Baldassarre e Lorenzo (via) **11** B 8
Fra' Bartolommeo (via) **28** D 16
Fra' Buonvicini (via) **28** D 16
Fracastoro, Girólamo (via) **15** B 13-14
Fra' Diamante (via) **23** E 11
Fra' Filippo Lippi (via) **23** E 11
Fra' Giovanni Angélico (via) **38** F 17
Fra' Girólamo Savonarola (piazza) **28** D 16
Fra' Guittone (via) **18** C 17
Francavilla, Pietro (via) **23** E 11
Franceschi Ferrucci, Caterina (via) **30** E 19
Franceschini, Baldassare (via) **23** E 11
Francesco da Barberino (via) **18** C 17
Franchi (villa) **37** G 15
Franchi, Raffaello (via) **30** D 19
Fráncia (piazza) **40** G 19-20
Franciabigio (via) **24** E 12
Francione (via del) **33** F 11
Fra' Páolo Sarpi (via) **39** E 17
Fra' Ruffino (via) **44** I 12
Fra' Silvestro Maruffi (via) **28** D 16
Frássini (via dei) **23** D 11
Frati Bigi (via dei) **29** E 17
Frullani (via de') **30** E 19
Frullino (via) **19** C 18
Frullino, il **29** C 18
Frusa (via) **30** D 17-18
Fucini, Renato (via) **30** E 19
Funga (via della) **40** F 20
Fusinato, Arnaldo (via) **18** B 17

G

Gaddi, Taddeo (piazza) **24** E 12-13
Gaggia (via della) **23** E 11
Galantini, Beato Ippólito (via) **44** G 13
Galdi, Matteo (via) **18** C 16
Galeno (via) **15** B-C 14
Galeotti, Leopoldo (via) **40** F 19
Galilei, Galileo (viale) **37-38** F-G 15-16
Galileo (piazzale) **45** G 14
Galleria Corsi **36** F 15
Galleria degli Uffizi **36** E-F 15
Galleria dell'Accadémia **27** E 15
Galleria Ferroni **25** D-E 14
Galliano, Giuseppe (via) **24** C-D 12-13
Gallo (torre del) **46** G-H 15
Galluzzi, Rigúccio (via) **15** C 13-14
Galluzzo **43** I 11
Galoppo (viale del) **23** D 11
Galvani (via) **29** D 17
Gamberáia **48** H 16
Gamberáia (castello di) **48** G-H 16
Gamberáia (fosso di) **48** H 16
Gamberáia (viuzzo di) **48** G 16

Garbasso, António (via) **29** C-D 17
Garfagnana (via) **13** B 10
Garibaldi, Giuseppe (piazza) **12** B 9
Garibaldi, Giuseppe (via) **25** E 13
Garófano, il **19** C 17-18
Gásperi, Elbano (via) **29** D 18
Gavacciani, Ser Lapo (via) **44** I 12
Gavinana **39** F 18
Gavinana (piazza) **39** F 18
Gelli, Giovan Battista (via) **30** D-E 19-20
Gelsomino (via del) **45** G-H 13-14
Gemignani, Francesco (via) **12** B 10
Generale Diaz (lungarno) **36** F 15
Genovesi, António (via) **18** C 16
Geppi (via de') **35** E-F 14
Gerani (via dei) **23** E 11
Gerini, Niccolò (via) **33** F 11
Gherardesca (giardino della) **28** D-E 16
Ghiáccia (via della) **15** B 13
Ghiacciáie (via delle) **25** D 14
Ghibellina (via) **36** E-F 15-16
Ghiberti (piazza) **38** E 16
Ghini, Lapo (via) **50** G 19
Ghirlandáio (via del) **39** E-F 17
Giacomini, António (via) **28** D 16
Giambologna (via) **28** D 16-17
Giambullari, Pier Francesco (via) **39** G 18
Gianni, Francesco (via) **25** C 14
Gianni, Lapo (via) **29** C 18
Giannotti, Donato (viale) **39** F-G 18
Giano della Bella (via) **35** F 13
Giardino della Bizzarria (via) **13** B 11
Giardino Serristori (via del) **36** F 15-16
Gíglio (via del) **25** E 14
Gignoro (via del) **30** D-E 19-20
Ginepri (via dei) **23** E 11
Ginestre (via delle) **23** E 11
Ginori (via de') **27** E 15
Gioberti, Vincenzo (via) **39** E 17
Giógoli (via di) **42** H-I 9
Gióia, Melchiorre (via) **27** C 15
Gioiello, il **46** H 15
Gioiello, il (villa) **37** G 14-15
Giordani, Pietro (via) **28** E 16
Giordano, Luca (via) **28** D 16
Giorgini, Giovan Battista (piazza) **17** C 14
Giotto (via) **38** E-F 17
Giovanni Angélico, Fra' (via) **38** F 17
Giovanni da Cáscia (via) **24** C 12
Giovanni da Émpoli (via) **24** C 13
Giovanni da Milano (via) **32** F 10
Giovanni da Montórsoli (via) **23** E 11
Giovanni da Verrazzano (ponte) **39** F 18
Giovanni da Verrazzano (via) **36** E 15-16
Giovanni dei Marignolli (via) **24** C 13
Giovanni delle Bande Nere (via) **39** F 18
Giovanni del Piàn dei Cárpini (via) **14** B 12-13
Gioventù (ostello della) **30** C 19
Gióvine Itália (viale della) **38** E-F 16
Giraldi (via de') **36** E 15
Giramonte **37** G 15
Giramonte (via del) **38** G 16
Giramontino (via) **37** G 15
Giúdici (piazza de') **36** F 15
Giúggiolo (via del) **17** C 15
Giuliani, Reginaldo (via) **14** A-B 12-13
Giuliotti, Doménico (via) **30** D 20
Giullari (piàn de') **47** H 15
Giunchi (via dei) **11** A 8
Giunchíglie (via delle) **23** E 11
Giunta Regionale-Regione Toscana **13** C 11
Giusti, Giuseppe (via) **28** D-E 16
Gobetti, Piero (via) **40** F 20
Góito (via) **28** C 17
Goldoni, Carlo (piazza) **35** E 14
Gomez, Amerigo (vialetto) **40** F 19
Gondi (palazzo) **36** E 15
Gondilagi (via di) **13** A 10
Gordigiani, Luigi (via) **24** C 13
Gore (via delle) **15** A 13-14
Gorgo (via del) **11** B 8
Gori (via de') **27** E 15
Gori, Luigi (aeroporto civile) **12** A 9
Gori, Luigi (viale) **12** B 9-10
Gózzoli, Benozzo (via) **34** E 13
Granacci, Francesco (via) **32** F 9
Granáio, il **19** B 18
Gran Bretagna (via) **40** G 19-20
Gránchio (via del) **11** B-C 7-8
Grandi, Giuseppe (via) **13** C 11

Grázie (lungarno delle) **36** F 15
Grázie (ponte alle) **36** F 15
Grecchi (via) **45** H 13-14
Greci (borgo de') **36** E-F 15
Grécia (via) **40** G 20
Greve (fiume) **21** E 7
Greve (via della) **42** I 10
Grifeo, Federico (via) **15** A 13
Grilláia (via della) **43** H 10-11
Grilláia, la **43** H 10
Grocco, Pietro (via) **15** B 14
Grosseto (via) **32** E 9
Gualandi (istituto) **39** G 18
Gualandi, Fratelli (via) **49** G 18
Gualfredotto da Milano (piazza) **39** F 18
Guardavia (via) **33** F 10-11
Guarlone (via del) **40** E 20
Guasti, Césare (via) **25** C 14
Gúbbio (via) **22** D 9
Guelfa (via) **27** D-E 14-15
Guerra, Guido (via) **49** G 18
Guerrazzi, Francesco Doménico (via)
     28 D-E 16-17
Guicciardini (lungarno) **35** E-F 14
Guicciardini (via de') **35** F 14
Guido da Siena (via) **33** F 10-11
Guidoni, Alessandro (viale) **13-14** B-C 10-12
Guinicelli, Guido (via) **18** C 17
Guittone, Fra' (via) **18** C 17

I

Ícaro (via) **11** B 8
Immacolata (chiesa dell') **27** C 14-15
Incontri **17** B 15
Incontri (via) **17** A-B 14-15
Indiano (piazzaletto dell') **22** C 9
Indiano (ponte all') **22** C 9
Indiano (viale dell') **22** C 9-10; **23** D 10-11
Indiano, l' **22** C 9
Indipendenza (piazza della) **27** D 15
Inferno (via dell') **35** E 14
Inghirami, Giovanni (via) **29** D 17
Inglesi (cimitero degli) **28** D-E 16
Innocenti (spedale degli) **26** E 15-16
Irlanda (via) **50** G 19
Isacco, maestro (via) **13** C 10
Ísole (via delle) **22** C-D 9
Ísole, le **22** D 9
Isolotto **23** D-E 10
Isolotto (piazza dell') **23** D 11
Isolotto (via dell') **21-22** C-D 8-10
Isolotto primo (podere) **22** D 9
Isolotto secondo (podere) **22** D 9-10
Isonzo (via) **50** G-H 20
Israelítico (cimitero) **14** B 12
Israelítico (cimitero) **35** E 13
Istituto Ortopédico Toscano **48** G 17
Itália (corso) **25** E 13

J

Jácopo da Diacceto (via) **25** D-E 13-14
Jácopo della Quércia (largo) **32** E 10
Jácopo di Casentino (via) **33** F 11
Jacopone da Todi (via) **19** B-C 18
Jahier, Piero (via) **28** C 16
Jervis, Guglielmo (via) **14** A 13
Jugoslávia (via) **40** G 19

K

Kassel (via) **40** F-G 20
Kennedy, John Fitzgerald (piazzale) **23** D 11
Kiev (via) **40** F-G 19
Kyoto (via) **40** F-G 19

L

Laetízia (villa) **34** F 13
La Farina, Giuseppe (via) **28** D-E 16-17
La Malfa, Ugo (via) **11** B 7-8
Lamarmora, Alfonso (via) **28** D 16

Lambertesca (via) **36** F 15
Lamberti (via de') **36** E 15
Lamberti (villa) **50** H 19
Lambruschini, Raffaello (via) **27** C 14-15
Lame (via delle) **40** G 19-20
Lame (viuzzo delle) **40** G 19
Lame, le **40** G 19-20
Lami, Giovanni (via) **25** C 14
Lampredi, Giovanni Maria (via) **15** C 14
Landini, Francesco (via) **25** D 13
Landino, Cristóforo (via) **27** D 15
Landucci, Luca (via) **39** E 17-18
Lane (viuzzo delle) **28** D 16
Lanfranchi, Alessandro (via) **44** I 12
Lanza, Giovanni (via) **39** F 17-18
Lanzi (lóggia dei) **36** E-F 15
Lanzi, Luigi (via) **27** C 15
La Pira, Giórgio (via) **27** D 15
Lapo **18** B 17
Lapo (via di) **18** B 17
Lapo da Castigliónchio (via) **39** F 18
Lapo Gianni (via) **29** C 18
Larione (via del) **39** G 17-18
Larione (villa del) **49** G 17-18
Larione-Móccoli **49** H 18
Lasca (via del) **28** C 17
Lastra (fosso della) **18** A 16
Lastra, la **18** A 17
Lástrico, il **32** F 10
Latini, Brunetto (via) **28** C-D 17
Latino, cardinal (via) **39** F 18
Láura (via) **28** E 16
Lavagnini, Spártaco (viale) **27** D 15
Lavandáio, il (podere) **32** G 10
La Vista, Luigi (via) **28** C 16
Lecci (viale dei) **23** D 11
Lega, Silvestro (via) **23** D 10
Legnáia **33** F 10
Legnáia (via di) **33** E-F 11
Lemm (villa) **15** B 14
Leonardo da Vinci (via) **28** D 16
Leoncavallo, Ruggero (via) **23** C 11
Leoncini, Francesco (via) **15** B 14
Leone (via del) **35** E-F 13-14
Leone Décimo (via) **27** D 15
Leopardi, Giácomo (via) **28** E 16
Leopolda (villa) **45** G 13-14
Leopoldo, cardinal (viale) **44** G 13
Leopoldo, Pietro (piazza) **15** C 14
Le Pavoniere (piscina) **23** D 11
Levi, Alessandro (via) **28** C 16
Liberale da Verona (via) **23** E 11
Libertà (piazza della) **28** D 16
Ligustri (via dei) **23** D-E 11
Limonáia, la **34** F 12-13
Lincoln, Abramo (viale) **24** D-E 12
Linneo, Carlo (via) **50** H 19
Lippi **14** A 12
Lippi, Fra' Filippo (via) **23** E 11
Lippi e Macia (via) **13** B 11
Liverani, Michele (largo) **14** A 13
Livorno (via) **31** E 8
Locatelli, António (via) **25** C 13-14
Locchi, Vittório (via) **14** A 13
Loggetta (via della) **40** E-F 20
Lóggia, la **18** B 16
Lorenzetti (via dei) **23** E 11
Lorenzi (villa) **15** B 14
Lorenzo di Credi (via) **39** E 18
Lorenzo il Magnífico (via) **27** D 15
Lorenzoni, Giovanni (via) **25** C 14
Lucca (via) **23** E 10
Lúccio (via del) **11** B 7-8
Lúcciola, la **38** F 16-17
Lulli, Giambattista (via) **24** C-D 12-13
Lune, le **19** B 18
Lunga (via) **22** E 9-10
Lungo il Mugnone (via) **28** C 16
Lungo l'Affrico (via) **29-30** C-E 18-19
Lungo le Mura di Santa Rosa (via) **35** E 13
Lupi, Bonifácio (via) **27** D 15
Lupo (via) **36** F 16
Lussemburgo (via) **50** G 19

M

Mabellini, Teódulo (via) **13** C 11
Maccari, Césare (via) **22** D-E 10
Macci (via de') **36** E-F 16

Machiavelli, Niccolò (viale) **45** G 14
Macinante (canale) **24** D 12
Maddalena, Umberto (via) **14** B 12
Madonna alle Querce (via) **28** C 17
Madonna degli Aldobrandini (piazza) **27** E 15
Madonna della Pace (via della) **35** F-G 14
Madonna della Tosse (via) **28** C-D 16
Madonna del Terrazzo (via della) **11** B 7-8
Madonna di Pagano (via della) **21** D-E 8
Madonnone **39** E-F 18
Madonnone (via del) **39** F 18
Maestro Isacco (via) **13** C 10
Mafalda di Savóia (via) **28** C-D 16
Maffei (via) **28** C 16-17
Maffia (via) **35** F 14
Magalotti, Lorenzo (viale) **45** G-H 13-14
Magellano (via) **14** B 12
Magenta (via) **25** E 13
Mággio (via) **35** F 14
Magliabechi, António (via) **36** F 15-16
Magnoli (costa de') **36** F 15
Magnólia (villa) **19** C 18
Magnólie (viale delle) **23** D-E 10-11
Maitani, Lorenzo (via) **24** E 12
Malavolta **44** I 12-13
Malcantone (via del) **30** D 19
Malcontenti (via dei) **38** F 16
Malenchini, Vincenzo (via) **36** F 15
Malibran, Maria (via) **24** C 12
Malpighi, Marcello (via) **15** B-C 14
Malta (viale) **29** E 17-18
Mameli, Goffredo (via) **29** D 17-18
Mamiani, Terénzio (viale) **29** D 18
Manara, Luciano (via) **39** E 18
Mancini, António (via) **23** E 10-11
Manin, Daniele (via) **28** E 17
Mannelli (via) **28** D 17; **29** E 17-18
Manni, Doménico Maria (via) **30** D-E 19-20
Mansutti (villa) **43** H 11
Mantegazza, Páolo (via) **30** C 19
Mantellate (via delle) **27** D 15
Mantignano (via di) **21** D 7
Manzolo **19** A 17
Manzoni, Alessandro (via) **28** E 16
Maragliano (via) **24** C-D 12-13
Maratona (via) **29** D 18
Marcello, Benedetto (via) **25** D 13
Marchetti, Alessandro (via) **28** D 17
Marconi, Guglielmo (via) **29** D 17-18
Marénzio, Luca (via) **24** C 12
Margaritone d'Arezzo (via) **33** F 11
Mari, Adriano (via) **40** E-F 19
Maria (villa) **34** F 13
Maria Celeste, Suor (via) **45** H-I 13-14
Marignolle **43** H 10-11
Marignolle (castello di) **43** H 10-11
Mariotti, Attílio (via) **40** F 20
Mariti, Giovan Filippo (via) **14** B-C 12-13
Maroncelli, Pietro (via) **29** D 18
Marradi, Giovanni (via) **30** E 19
Marsala (via) **29** E 18
Marsili (via de') **35** F 14
Marte (campo di) **29** D 18
Martelli (via de') **27** E 15
Martelli (villa) **33** G 11
Martellini, Bernardo (via) **44** H-I 12-13
Martini, Ferdinando (via) **30** E 19
Martini, Simone (via) **21** D-E 8
Mártiri del Pópolo (via dei) **36** E 16
Martucci, Giuseppe (via) **12** B 9
Marucelli, Francesco (via) **25** C 14
Maruffi, Fra' Silvestro (via) **28** D 16
Marzocchi (villa) **48** H 16-17
Masáccio (via) **28** D-E 16-17
Mascagni, Páolo (via) **45** G 13
Mascagni, Pietro (piazza) **13** B-C 10
Mascherino (via del) **35** G 14
Maso di Banco (via) **33** E-F 10-11
Masolino (via) **33** E 11
Massa (via) **22** D 9
Massáia, Guglielmo (via) **17** B-C 14-15
Massáio, il (via) **24** C 13
Massapagani (via di) **44** I 12
Mastri, Pietro (via) **30** D-E 20
Mattei, Enrico (piazza) **14** B 12
Matteo di Giovanni (via) **33** F 11
Matteotti, Giácomo (viale) **28** D 16
Matteucci, Felice (via) **14** A-B 12
Mattioli, Pier Andrea (via) **15** C 14
Mattonáia (via della) **28** E 16
Mattonáia (viuzzo della) **13** A 10

Mayer, Enrico (via) **25** C 14
Mazzanti, Lucrézia (via) **39** E 18
Mazzei, Ser Lapo (via) **39** G 18
Mazzetta (via) **35** F 14
Mazzetta (via del) **30** E 19
Mazzini, Giuseppe (viale) **28** E 17
Mazzoni, Giuseppe (via) **15** C 13-14
Medáglie d'Oro (piazza delle) **13** C 11
Medáglie d'Oro (via) **14** A 13
Médici, Giácomo (via) **29** D 18
Médici Riccardi (palazzo) (Prefettura) **27** E 15
Mela (póggio alla) **50** H 19
Melaráncio (via del) **25** E 14
Melegnano (via) **25** E 14
Melloni, Macedónio (via) **29** C 18
Melograni (via dei) **23** D-E 11
Memmi, Lippo (via) **23** E 11
Menotti, Ciro (via) **29** E 17
Mentana (piazza) **36** F 15
Mercadante, Giuseppe Savério (via) **24** D 12
Mercati, Michele (via) **15** B 14
Mercato Centrale **27** E 15
Mercato Centrale (piazza del) **27** E 15
Mercato Nuovo (lóggia del) **36** E 15
Mercato ortofruttícolo **13** B 11
Mercede (via) **34** F 12
Meridiana (viale della) **35** F 14
Meridiana, la **19** C 18
Meridiana, la **16** A 15
Merli **34** G 12
Merlo Bianco, il **39** G 18
Merlo Nero, il **49** G 17
Metastásio, Pietro (via) **34** G 13
Meucci, António (via) **29** D 17
Meyer, Anna (ospedale) **28** D 16
Mezzo (via di) **28** E 16
Michelacci, Doménico (via) **11** B 8
Michelángiolo (piazzale) **38** F 16
Michelángiolo (viale) **38** F-G 16-17
Michelazzi, Luigi (via) **15** A 13
Michele di Lando (via) **45** G 14
Micheli, Pier António (via) **27** D 15
Michelozzi (via de') **35** F 14
Michetti, Francesco Páolo (via) **22** D 10
Milanesi, Gaetano (via) **25** C 14
Milazzo (via) **29** E 18
Miliotti (villa) **43** H 10-11
Militare (ospedale) **27** D 15
Militare (stádio) **29** D 17-18
Mille (viale dei) **28** C-D 16-17
Milton, Giovanni (viale) **27** D 15
Mimose (via delle) **23** D-E 11
Minghetti, Marco (via) **39** F 18
Mínima (via) **35** F 13
Mino (via) **38** E 16
Minzoni, Don Giovanni (viale) **28** C-D 16
Misericórdia (cimitero della) **28** D 16-17
Misericórdia (cimitero della) **33** F 10-11
Móccoli, (colle de') **49** H 18
Módena, Gustavo (via) **28** D 16
Modigliani, Amedeo (via) **22** D 9-10
Mónachi, Ser Ventura (via) **38** F 16-17
Mónaco, Guido (via) **25** D 14
Monalda (via) **35** E 14
Monasteráccio (via del) **33** G 10
Monna Lisa (villa) **43** G 11
Monna Tessa (ospedale) **15** A 14
Montalcino (piazzetta) **32** E 10
Montanara (via) **28** D 16
Montanelli, Giuseppe (via) **27** D 14-15
Montauto (torre di) **34** F 12
Monte alle Croci (via del) **38** F 16
Monte Arioso (via di) **44** G 13
Montebello (via) **25** E 13-14
Montegrappa (via) **13** C 10-11
Montelátici, Ubaldo (via) **15** C 14
Montello (via) **13** C 10-11
Montepulciano (via) **32** E 10
Monte Rinaldi (galleria di) **19** A 18
Monte Rinaldi (via di) **19** A 17
Monteripaldi (viuzzo di) **46** H-I 15
Monte Uliveto (via di) **34** E-F 12-13
Monte Uliveto (villa) **34** F 12
Monteverdi, Cláudio (via) **24** C-D 12-13
Monti, Vincenzo (via) **35** F 13
Monticelli **34** E 12
Monticelli (via di) **24** E 12
Montione (via di) **13** A 11
Montughi **17** C 14-15
Montughi (via di) **17** B-C 15
Monzani, Cirillo (largo) **40** F 19

Morandi, Luigi (via) **14** A 13
Morelli (via dei) **43** G 11
Moreni, Doménico (via) **30** E 19-20
Moretti (villa) **33** G 11
Morgagni, Giovan Battista (viale) **15** B 13-14
Mori (via de') **35** F 14
Morlacchi, Francesco (via) **13** B-C 10
Moro (via del) **35** E 14
Moro, Aldo (lungarno) **40** F 19
Morosi, Mário (via) **13** C 11
Mortuli (via) **23** E 11
Mosse (ponte alle) **24** C 12
Mossotti (via) **29** D 17
Motrone (via del) **12** B 9
Mozzi (piazza de') **36** F 15
Mugello (via) **13** B 11
Mugnone (torrente) **24** C 13
Mulina (ippódromo delle) **22** C 10
Mulina (prato delle) **22** C 9-10
Muraglione (via del) **40** F 19
Muratori, Ludovico António (piazza) **25** C 14
Muricce (via delle) **23** E 10
Museo Archeológico **28** E 16
Museo Botánico **28** D 16
Museo delle Porcellane **36** F 15
Museo di Firenze **27** E 15
Museo di San Marco **27** D 15
Museo Stibbert **17** C 15
Museo Zoológico **35** F 14
Mutilati (villa dei) **43** I 11

N

Narciso (vialetto del) **24** D-E 12
Nardi, Jácopo (via) **28** D-E 16-17
Nardo di Cione (via) **38** E 17
Natalia (villa) **18** B 16
Nave a Petriolo **11** C 8
Nazionale (biblioteca) **36** F 15-16
Nazionale (via) **25** E 14
Nazioni Unite (via delle) **40** F 19-20
Nencioni, Enrico (via) **30** E 19
Nenni, Pietro (viale) **32** E-F 10
Neri (via dei) **36** F 15
Neri, Pompeo (via) **25** C 14
Neri di Bicci (via) **31** F 8
Nerli (piazza de') **35** E 13
Niccoli (via de') **30** D 19
Niccolini (teatro) **27** E 15
Niccolini, Giovan Battista (via) **28** E 16
Niccolò da Tolentino (via) **15** A 13-14
Niccolò da Uzzano (via) **39** F 18
Nicolodi, Aurélio (via) **29** D 18
Nievo, Ippólito (via) **27** C 15
Nightingale, Florence (viale) **22** C 10
Nigra, Costantino (via) **39** F 17
Nóbili, Leopoldo (piazza) **29** D 17
Noce, La (borgo) **27** E 15
Nomellini, Plínio (via) **32** E 9
Norvégia (via) **50** G 19
Nove Febbráio (via) **27** C-D 15
Novelli, Augusto (via) **30** E 19
Novello, Guido (largo) **40** G 19
Nóvoli **13** B 10
Nóvoli (via di) **13** B-C 10-11
Nullo, Francesco (via) **30** D 19
Nuova de' Caccini (via) **28** E 16
Nuovo Gondi **29** C 18
Nuovo Pignone **14** A-B 12

O

Oberdan (piazza) **28** E 17
Oche (via dell') **36** E 15
Odorico da Pordenone (via) **24** C 13
Oftálmico (ospedale) **28** D 16
Ognissanti (borgo) **25** E 14
Ognissanti (chiesa) **25** E 14
Ognissanti (piazza d') **25** E 14
Ojetti, Ugo (viale) **30** D 19
Olanda (via) **40** G 19-20
Oleandri (via degli) **23** E 11
Olivuzzo **33** F 11
Olivuzzo (via dell') **33** E-F 11
Olivuzzo, l' **49** G 17
Olmatello (via dell') **13** A-B 10-11
Olmatello, l' **13** A 11

Olmi (viale degli) **24** D-E 12
Olmi (villa) **13** B 10
Olmo (via dell') **36** F 15
Ombrellino (villa dell') **34** F 12-13
Orcagna (via) **38** E-F 17
Oriani, Alfredo (via) **17** C 14-15
Oriolino, l' (villa) **48** G 16
Oriuolo (via dell') **27** E 15
Orlando (villa) **49** H 17
Orsini, Giampáolo (via) **38** F 17
Orténsie (via delle) **23** D 11
Orticoltura (giardino dell') **27** C 15
Orti Oricellari (via degli) **25** E 14
Orto (via dell') **35** E-F 13
Ortolani (fosso degli) **21** D 7
Ortone (via dell') **38** E 16
Osmannoro (quartiere industriale) **11** A 8
Ospedale Anna Meyer **28** D 16
Ospedale di Camerata **19** B 18
Ospedale di San Giovanni di Dio **32** G 9-10
Ospedale di San Giovanni di Dio **35** E 14
Ospedale Militare **27** D 15
Ospedale Monna Tessa **15** A 14
Ospedale Oftálmico **28** D 16
Ospedale Póggio Secco **17** A 15
Ospedale Psichiátrico Vincenzo Chiarugi **40** E 19
Ospedali Riuniti di Careggi **15** A 14
Osservatório Astrofísico **46** H 15
Osteria (via dell') **11** B 7
Osteria del Guanto (via) **36** F 15
Ottaviani (piazza) **35** E 14
Otto Vióttole (viale delle) **22** C 9-10
Oxília, Nino (via) **15** A 13

P

Pacini, Filippo (via) **24** C-D 13
Pacino di Buonaguida (via) **33** F 11
Pacinotti, António (via) **28** D 17
Padiglione (fosso) **31** F 7
Paganelli, A. (impianti sportivi) **13** B 10-11
Paganini, Niccolò (via) **13** C 11
Pagano, Mário (via) **28** C 16
Pagnini, Gianfrancesco (via) **25** C 14
Paisiello, Giovanni (via) **24** D 12-13
Palagetto, il (villa) **44** H 12
Palagi, Piero (largo) **15** A-B 14
Palágio, il **40** G 20
Paláncola (via della) **18** C 16-17
Palazzo **21** E 8
Palazzo Bruciato (via del) **15** C 14
Palazzo dei Diávoli (via del) **23** E 10-11
Palazzuolo (via) **25** E 14
Palestro (via) **25** E 13
Pallavolo (scuola nazionale di) **29** D 18
Pallone (via del) **28** D 16-17
Palmerino (via del) **20** C 19
Palmerino, il **20** C 19
Palmieri (villa) **19** B 17
Palmieri, Matteo (via) **36** E 15
Pampaloni, Luigi (via) **22** E 10
Pancaldo, Leone (via) **14** B 12-13
Panche (via delle) **15** A-B 13
Panche, le **15** A 13-14
Panciatichi (via) **14** B 12-13
Pancrazi, Pietro (via) **30** D 19
Pandolfini (via de') **36** E 15
Panerai, Ruggero (via) **22** E 10
Panicale (via) **27** D-E 15
Pannúnzio, Mário (via) **11** B 7
Panzani (via) **25** E 14
Paoletti, Ferdinando (via) **27** C 14-15
Páoli, Pasquale (viale) **29** D-E 18
Paolieri, Ferdinando (via) **38** E 16
Páolo Uccello (piazza) **24** E 12
Papini (villa) **34** F 12
Papini, Giovanni (via) **30** D 19-20
Paradiso (via del) **49** G-H 19
Paradiso, il **49** G 18
Paradiso, il (villa) **49** H 18
Parioncino (via) **35** E 14
Parione (via del) **35** E 14
Parlatore, Filippo (via) **50** G-H 19
Parterre (giardino púbblico) **28** D 16
Páscoli, Giovanni (via) **28** C-D 16
Pasquali, Giórgio (via) **40** E 19-20
Pasquini, Bernardo (via) **24** C 12
Passavanti (via) **28** C-D 16-17
Passerini, Luigi (via) **25** C 14

Passignano (via il) **24** E 12
Pastrengo (via) **29** D 18
Patti, Adelina (via) **13** B 10
Pavoniere, le (piscina) **23** D 11
Pazzi (cappella de') **36** F 16
Pea, Enrico (via) **40** E 20
Pécora (ponte della) **11** B 7
Pecori (via de') **36** E 15
Pecori Giraldi, Guglielmo (lungarno) **38** F 16
Pégaso (viale del) **23** C-D 10
Pegna (villa) **16** A 15
Pellas, Leopoldo (via) **14** A 13
Pellegrino (convento del) **28** C 16
Pellegrino (serbatóio del) **18** C 16
Pellegrino (via del) **28** C 16
Pellegrino, il **28** C 16
Pellicceria (via) **36** E 15
Péllico, Sílvio (via) **28** E 16
Pepe, Guglielmo (via) **28** C 16
Pepi (via de') **36** E 16
Perétola (borgata) **12** B 9
Perétola (via di) **11** B 8
Perfetti Ricásoli (via de') **14** A 12
Pérgola (teatro della) **28** E 16
Pérgola (via della) **28** E 16
Pérgola, la **42** I 9-10
Pérgole, le **44** G-H 12
Pérgole, le **17** A 15
Pergolesi, Giovan Battista (via) **23** C 11
Pergolino **17** A 15
Pergolino (via del) **15** A-B 14-15
Pergolino (viuzzo del) **15** B 14
Peri, Jácopo (via) **25** D 14
Perosi, Don Lorenzo (via) **12** B-C 10
Pescáia (via della) **43** H 10
Pescetti, Giuseppe (via) **14** A 12
Pesciolino (via del) **11** C 7
Pescioni (via de') **35** E 14
Pesellino, Francesco (via) **32** F 9-10
Pestellini (villa) **29** C 17
Petrarca, Francesco (viale) **35** F 13
Petrella, Enrico (via) **24** D 12
Petriolo **11** B 8
Petrocchi, Policarpo (via) **14** A 12
Petrolini, Éttore (via) **30** D 19
Piagentina (via) **39** F 17
Piággia, Carlo (via) **14** B 12-13
Piaggione (via del) **35** E 13-14
Piana (via) **34** F-G 12
Piàn de' Giullari **47** H 15
Piàn de' Giullari (via del) **46** G-I 15-16
Piano, il **50** H 19
Piantanida, Giovanni (via) **12** B 9
Piattellina (piazza) **35** F 13-14
Piave (piazza) **38** F 16
Piazza (villa) **29** C 17-18
Piazza Calda **48** H 17
Piazza Calda (via di) **48** H 17
Piazzuola (via della) **19** B-C 17-18
Piccagli, Ítalo (via) **14** B 12
Piccolo Zoo **23** D 11
Pico della Miràndola (via) **28** D 16
Pienza (via) **32** E 9
Pieraccini, Gaetano (viale) **15** A 14
Pier Capponi (via del) **28** D 16
Pier della Francesca (piazza) **33** E 10
Pier Luigi da Palestrina (via) **25** D 13
Pietra (via della) **18** B 16
Pietra, la **17** B 15
Pietra, la (villa) **18** B 16
Pietrafitta (via di) **19** B 17
Pietrapiana (via) **36** E 16
Pietri, Giuseppe (via) **12** B 10
Pietriboni (via de') **44** I 12
Pietro da Cortona (via) **23** E 11
Pigafetta, António (via) **14** C 12-13
Pignatari (villa) **49** G-H 18
Pignoncino (via del) **24** E 12
Pignone **24** E 12
Pignone (lungarno del) **24** E 12
Pignone (via del) **24** E 12
Pilastri (via de') **28** E 16
Pilati, Gaetano (via) **39** F 18
Pilo, Rosolino (via) **29** D 17
Pindemonte, Ippólito (via) **35** F 13
Pini (viale dei) **23** D 10-11
Pini, i (villa) **18** B 16
Pino (ponte al) **28** D 17
Pino (via del) **30** D 19
Pino Sud **21** E 8
Pinozzi (vícolo di) **15** B 13

Pinti (borgo) **28** E 16
Pintúccio **32** F 10
Pinzóchere (via delle) **36** E-F 16
Pio Bernardino (piazza) **40** G 19
Piombino (viale) **32** E 9
Pionieri dell'Aviazione (via) **14** B-C 12
Pioppi (lungarno dei) **23** D 10-11
Pirámide (viale della) **23** D 11
Pirandello, Luigi (via) **30** D 19-20
Pisacane, Carlo (via) **15** C 13-14
Pisana (via) **31-32** E-F 7-9; **33-34** E 10-13
Pisano, Nicola (via) **33** F 10
Piscina (vialetto della) **40** F 19
Pistelli, Ermenegildo (via) **30** E 19-20
Pistoiese (via) **11-12** B-C 7-9
Pitti (palazzo) **35** F 14-15
Pitti (piazza de') **35** F 14
Pitti (sdrúcciolo de') **35** F 14
Pitto, il **50** H 19-20
Plátani (via dei) **23** D 10
Plátani (viale dei) **35** F 14
Poccetti, Bernardino (via) **44** H 12
Poderáccio (via del) **21** C 7-8
Poderino, il **18** B 16-17
Poderino, il **17** C 15
Podestà (via del) **44** H-I 12-13
Poério, Fratelli (via) **28** C 16
Poggetto, il **15** B 14
Poggi, Enrico (via) **27** D 15
Poggi, Ferdinando Bonaventura (via) **24** C 12
Poggi, Giuseppe (piazza) **38** F 16
Poggi, Giuseppe (viale) **38** F 16
Póggio alla Noce **50** I 19
Póggio alla Noce (via del) **50** I 19
Póggio Imperiale **45** H 14
Póggio Imperiale (piazzale del) **45** H 14
Póggio Imperiale (viale del) **45** G-H 13-14
Poggiolino (via del) **18** B 16
Poggiolino (viuzzo del) **18** B 16
Póggio Ronconi **49** H 18
Póggio Secco (ospedale) **17** A 15
Póggio Secco (podere) **42** G 10
Poliziano, Ágnolo (via) **27** D 15
Polo, Marco (via) **50** G-H 19-20
Polónia (via) **40** G 19-20
Poma, Carlo (via) **29** E 18
Pomário (piazzetta del) **50** G 19
Ponchielli, Amílcare (via) **24** D 12
Pontassieve (via) **32** E 9
Ponte a Ema **50** I 19
Ponte a Greve **31** F 7
Ponte a Greve (via del) **31** F 8
Ponte alle Mosse (via del) **24** D 12-13
Ponte alle Riffe (via del) **28** C 16
Ponte dell'Asse (via del) **25** D 13
Ponte di Mezzo **14** C 13
Ponte di Mezzo (via del) **14** C 13
Ponte di Quaracchi (via) **11** A-B 7
Ponte Grande (via del) **12** B 9
Ponte Nuovo **45** I 14
Ponte Rosso **49** H 17-18
Ponte Rosso (via del) **28** D 16
Ponte Sospeso (via del) **24** E 12-13
Ponticino (via del) **21** D 7
Pontifício Istituto Missioni Éstere San Giovanni **17** A 15
Poppi (via) **32** E 9
Porcellana (via del) **25** E 14
Porcellane (museo delle) **36** F 15
Pórpora, Nicola (via) **24** D 12-13
Por Santa Maria (via) **36** E-F 15
Porta al Prato (piazzale) **25** D 13
Porta al Prato (stazione) **24** D 13
Porta Romana (piazzale di) **35** F-G 13-14
Porta Rossa (via) **36** E 15
Porte Nuove (via delle) **25** D 13
Porte Sante (cimitero delle) **38** G 16
Pórtico (via del) **44** I 12
Pórtico, il **44** H 12
Pórtico, il **44** H-I 12
Portogallo (via) **40** G 20
Poste e Telégrafi **36** E 15
Pozzetto (viuzzo del) **40** G 20
Pozzino (via del) **32** E-F 10
Pozzolático (via nuova di) **45** I 14
Pozzolático (via vécchia di) **45** I 13
Pratellino (via del) **28** D 17
Pratello (via del) **25** D 14
Pratese (via) **12** B 9
Pratesi, Mário (via) **30** E 19
Prati, Giovanni (via) **35** G 13

Prato (podere) **48** H 16-17
Prato (porta al) **25** D 13
Prato, il (via) **25** E 13
Pratovécchio (via) **32** E 9
Prefettura (palazzo Médici Riccardi) **27** E 15
Presto di San Martino (via del) **35** F 14
Preti (via dei) **35** F 14
Primo Settembre (via) **12** B 9
Procónsolo (via del) **36** E 15
Pucci (palazzo) **27** E 15
Pucci (via de') **27** E 15
Puccini, Giácomo (piazza) **24** C-D 12
Puccinotti, Francesco (via) **27** C-D 14-15
Puccioni, Piero (via) **29** E 17
Pulci, Luigi (via) **35** F 13
Puligo, Doménico (via) **32** F 9
Purgatório (via del) **35** E 14

Q

Quaracchi **11** B 7
Quarto (via di) **15** A 13
Quattro Novembre (piazza) **11** B 8
Quattro Stagioni (via delle) **30** D 20
Querce (collégio alla) **29** C 17
Querci (via dei) **21** D 8
Quercione (prato del) **23** D 10-11
Quercione (viale del) **23** D 11
Questura **27** D 15
Quiete, la **43** H 11
Quiete, la **47** I 15

R

Ragazzi del '99 (via) **15** A-B 13
Ragnáia, la **43** G 10
RAI **40** F 19
Rajna, Pio (via) **30** E 19
Ramaglianti (via de') **35** F 14
Ramazzini, Bernardino (via) **29** E 18
Ramúsio, Giovan Battista (via) **14** C 12-13
Rangoni (villa) **34** G 13
Rangoni, Jácopo (via) **49** G 18
Ranocchietto (largo del) **11** B-C 7-8
Rasponi (villa) **29** C 18
Rattazzi (via) **39** F 18
Ravenna (piazza) **39** F 18
Razzolini (villa) **37** G 15
Redi, Francesco (viale) **24** C 12-13
Regione Toscana (giunta regionale) **13** C 11
Reims (via) **40** F-G 19
Renai (via dei) **36** F 15
Repetti, Emanuele (via) **28** E 17
Repúbblica (piazza della) **36** E 15
Respighi, Ottorino (via) **23** C 11
Ricásoli (via) **27** E 15
Richa, Giuseppe (via) **25** C 14
Ricórboli **39** F 17
Ricórboli (chiesa di) **38** F 17
Ricórboli (via di) **38** F 17
Ridi (vícolo del) **50** I 19
Ridolfi (fattoria) **43** G-H 11
Ridolfi (villa) **44** H 12
Ridolfi, Cósimo (via) **27** D 14-15
Rifredi (cimitero di) **14** A-B 12
Rifredi (sobborgo industriale) **15** B 13
Rifredi (stazione di) **14** B 13
Rifredi (via di) **15** B-C 13
Righi, Augusto (viale) **29** C-D 18
Righini, Guglielmo (via) **45** H 14
Rigutini, Giuseppe (via) **14** A 12
Rinuccini, Ottávio (via) **24** D 12
Rípoli (badia a) **40** G 20
Rípoli (póggio a) **50** H 19
Rípoli (via di) **39-40** F-G 17-20
Rismondo, Francesco (via) **29** D 17
Risorgimento (viale del) **27** C 15
Ristori, Adeláide (via) **30** D 19
Ritórtoli (strada comunale di) **50** I 19-20
Rocca Pilucco **43** I 10-11
Rocca Pilucco (via) **43** I 11
Rocca Tedalda (via di) **40** F 20
Rododendri (via dei) **23** E 11
Roma (via) **36** E 15
Romagnosi, Giandoménico (via) **15** C 14
Romana (porta) **35** F-G 13-14
Romana (via) **35** F 13-14

Romania (via) **40** G 19
Romite (via delle) **43** I 11
Romítino (via del) **27** C 15
Romito (via del) **25** C-D 14
Romito, il **25** C 14
Ronco **44** I 13
Ronco (via del) **35** F 14
Ronco, il **32** F 9
Ronco Corto (via del) **32** E-F 10
Roncolino (viuzzo del) **31** F 8
Ronco Lungo (via del) **32** F 9-10
Rondinella (via della) **30** E 19
Rondinelli (via de') **35** E 14
Rondinino (via del) **40** E 20
Rosa (via della) **36** E 16
Rosadi, Giovanni (piazza) **39** F 18
Rosai, Ottone (via) **32** E 9
Rosati (via) **32** F 9
Rose (villa delle) **16** A 15
Roselli-Cecconi, Mário (via) **13** C 11
Rosellini, Ippólito (via) **14** B 12-13
Roseto (via del) **23** E 11
Rosina (via) **27** E 15
Rosmini, António (via) **29** D 18
Rosselli, Cósimo (via) **33** E-F 11
Rosselli, Fratelli (viale) **25** D-E 13-14
Rossi (piazza de') **36** F 15
Rossi, Ernesto (via) **15** B 14
Rossi, i **42** I 9-10
Rossini, Gioacchino (via) **25** D 13
Rosso (ponte) **28** C-D 16
Rosso, Medardo (via) **23** E 10
Rosso Fiorentino (via del) **24** E 12
Roster (villa) **48** H 16
Roti Michelozzi (via) **34** F 12-13
Rubaconte da Mandello (via) **39** F 18
Rubieri, Ermolao (via) **29** E 18
Rucellai (palazzo) **35** E 14
Rucellai, Bernardo (via) **25** E 13-14
Ruffini, Fratelli (via) **27** D 15
Ruffino, Fra' (via) **44** I 12
Rúffoli, Baldo (via) **39** F 18
Ruggeri, Ruggero (via) **30** D 19
Ruote (via delle) **27** D 15
Rusciano (via di) **39** F 17
Rusciano (villa) **39** G 17-18
Russa Ortodossa (chiesa) **27** D 15
Rústici (via de') **36** F 15

S

Saba, Umberto (via) **30** D 19-20
Sabatelli (via dei) **22** D 10
Sacchetti, Franco (via) **28** C 16
Sacco e Vanzetti (via) **11** A 8
Sacra Famíglia (chiesa) **39** E 17
Sacro Cuore **31** E 7
Sacro Cuore (istituto del) **38** F-G 17
Saffi, Aurélio (via) **29** D 17-18
Saggina (via della) **11** B 7
Saint James (chiesa americana) **25** E 13-14
Salandra, António (via) **40** F 20
Salci (via dei) **11** A 8
Saletto (via del) **22** D-E 9
Sálice (piazzetta del) **23** E 11
Salutati, Colúccio (via) **39** F 17-18
Salvagnoli, Vincenzo (via) **27** D 15
Salvémini, Gaetano (piazza) **36** E 16
Salvestrina (via) **27** D 15
Salviati (via) **18** A 17
Salviati (villa) **18** A 17
Salviatino (via del) **30** C-D 19-20
Salvi Cristiani (via) **30** E 19
Salvini, Anton Maria (via) **18** C 16-17
San Bártolo a Cintóia **21** D 8
San Bártolo a Cintóia (via di) **21** D-E 7-8
San Bartolomeo al Gignoro (chiesetta) **30** E 20
San Bernardino da Siena (via) **38** G 17
San Biágio a Petriolo (via di) **11** B-C 8
San Brunone (via) **44** I 12
San Carlo (via di) **33-34** F 11-12
San Cristófano (chiesa) **13** B 10
San Cristófano (via) **36** E-F 16
San Damiano (via) **44** G 13
San Doménico (via) **19** B-C 18
San Donato (ponte di) **24** C 12
San Donato (via) **24** C 12
San Felice (piazza di) **35** F 14
Sanfelice, Luisa (via) **18** C 17

San Felice a Ema **45** I 13
San Felice a Ema (chiesa) **45** I 13
San Felice a Ema (via) **45** H-I 13-14
San Felice a Ema (viuzzo di) **44** H-I 13
San Firenze (piazza) **36** E 15
San Francesco (villággio) **44** G 12-13
San Francesco d'Assisi (via) **43** I 11
San Francesco di Páola(chiesa) **34** F 13
San Francesco di Páola (piazza) **34** F 13
San Francesco di Páola (via) **35** F 13
San Francesco Savério (via) **14** C 12
San Frediano **35** E-F 13-14
San Frediano (borgo) **35** E 13-14
San Gággio **44** G 13
San Gággio (via di) **44** H 13
San Gallo (porta) **28** D 16
San Gallo (via) **27** D-E 15
San Gervásio **29** D 17-18
San Gervásio (via) **29** D 18
San Gimignano (via) **32** E 10
San Giórgio (costa di) **36** F 15
San Giórgio (porta) **36** F 15
San Giórgio o di Belvedere (forte di) **36** F 15
San Giovan Gualberto (via) **30** D-E 19
San Giovanni (piazza) **27** E 15
San Giovanni (Pontifício Istituto Missioni Éstere) **17** A 15
San Giovanni (via) **35** E 13
San Giovanni Battista o da Basso (fortezza di) **25** D 14
San Giovanni Bosco (via) **39** E-F 17
San Giovanni da Capistrano (via) **43** I 11
San Giovanni di Dio (ospedale di) **35** E 14
San Giovanni di Dio (ospedale di) **32** G 9-10
San Giuseppe (via di) **36** F 16
San Giusto a Signano **32** F-G 9
San Jacopino **24** D 13
San Jacopino (piazza) **25** D 13
San Jacopino (via) **25** D 13
San Jácopo (borgo) **35** F 14
San Leonardo (chiesa) **37** G 15
San Leonardo (via di) **37** F-G 14-15
San Leonardo (villa) **37** F 15
San Leone (convento di) **44** H 12-13
San Leopoldo (podere) **22** C 9
San Lorenzo (basílica) **27** E 15
San Lorenzo (borgo) **27** E 15
San Lorenzo a Greve **32** F 9
San Marcellino **50** H 19
San Marcellino (via di) **50** G-H 19
San Marco (chiesa e convento) **27** D 15
San Marco (museo di) **27** D 15
San Marco (piazza) **27** D-E 15
San Marco Vécchio (chiesa) **18** C 16
San Marco Vécchio (vícolo di) **18** B-C 16-17
San Marino (via) **40** G 19
San Martino (villa) **33** G 10
San Martino a Montughi (chiesa) **17** C 15
San Matteo in Arcetri (chiesa) **46** H 15
San Matteo in Arcetri (via di) **46** H 15
San Michele a Monteripaldi **46** I 15
San Michele a Monteripaldi (via di) **46** H-I 15
San Michele delle Cámpora (via) **43** I 11
San Miniato al Monte (chiesa) **38** G 16
San Miniato al Monte (via di) **38** F-G 16
San Niccolò **36** F 15
San Niccolò (pescáia di) **38** F 16
San Niccolò (ponte) **38** F 16-17
San Niccolò (porta) **38** F 16
San Niccolò (via di) **36** F 15-16
Sano di Pietro (via) **33** F 11
San Pancrázio (ex chiesa) **35** E 14
San Paolino (piazza di) **25** E 14
San Paolino (via di) **25** E 14
San Piero in Palco (chiesa) **40** G 20
San Piero in Palco (via di) **40** G 20
San Quirichino (via) **43** H 11
San Quírico **32** F 9
San Quírico (via di) **32** E 10
San Quírico a Marignolle (chiesa) **43** H 11
San Salvatore al Monte (chiesa) **38** F 16
San Salvatore al Monte (via di) **38** F 16
San Salvi **39** E 18
San Salvi (piazza di) **39** E 18
San Salvi (via di) **39** E 18
Sansepolcro (piazzetta) **22** D 9
Sansovino (via del) **24** E 12
Santa Caterina d'Alessándria (piazza) **27** D 15
Santa Caterina d'Alessándria (via) **27** D 15
Santa Caterina da Siena (via) **25** E 14
Santa Chiara (via) **43** I 11

Santa Croce (basílica) **36** F 16
Santa Croce (borgo) **36** F 15
Santa Croce (piazza di) **36** E-F 15-16
Santa Felícita (chiesa) **36** F 15
Sant'Agostino (via) **35** F 14
Santa Lucia (cimitero) **44** I 12
Santa Lucia (via) **25** E 13-14
Santa Margherita a Móntici **48** H 16
Santa Margherita a Móntici (via di) **48** G-H 17
Santa Maria (via) **35** F 14
Santa Maria a Cintóia **21** D 8
Santa Maria a Cintóia (via di) **21** D 8
Santa Maria a Cintóia (viuzzo di) **21** D-E 8
Santa Maria a Coverciano (chiesa) **30** D-E 19
Santa Maria a Marignolle (chiesa) **43** H 11
Santa Maria a Marignolle (via di) **33-34** G 11-12
Santa Maria a Nóvoli (chiesa) **13** B 11
Santa Maria a Soffiano (chiesa) **33** G 10
Santa Maria del Cármine (chiesa) **35** F 13-14
Santa Maria del Fiore (Duomo) **27** E 15
Santa Maria del Pignone (piazza) **24** E 13
Santa Maria Maddalena de' Pazzi (via) **44** G 12-13
Santa Maria Novella (chiesa) **25** E 14
Santa Maria Novella (piazza di) **25** E 14
Santa Maria Novella (stazione) **25** D-E 14
Santa Maria Nuova (arcispedale di) **27** E 15
Santa Maria Nuova (piazza di) **27** E 15
Santa Maria Regina della Pace (chiesa) **14** B 12
Santa Maria Soprarno (piazza di) **36** F 15
Santa Marta (convento di) **17** B 15
Santa Marta (via di) **17** B 15
Sant'Ambrógio (chiesa) **38** E 16
Sant'Ambrógio (mercato) **38** E 16
Sant'Ambrógio (piazza) **38** E 16
Santa Mónaca (via) **35** F 14
Sant'Ángelo (via) **33** E 11
Sant'Anna (via) **27** D 15
Sant'Antonino (chiesa) **39** F 18
Sant'Antonino (via) **25** E 14
Sant'Apollónia (cenácolo di) **27** D 15
Santa Reparata (via) **27** D 15
Santa Rita da Cáscia (via) **44** G 12-13
Santa Rosa (lungarno di) **35** E 13
Santa Rosa (pescáia di) **35** E 14
Santa Trinità (chiesa) **35** E 14
Santa Trinità (piazza) **35** E 14
Santa Trinità (ponte) **35** E-F 14
Santa Verdiana (convento di) **34** F-G 12-13
Sant'Egídio (via) **27** E 15
Santi Apóstoli (borgo) **36** E-F 15
Santi Apóstoli (chiesa) **35** E-F 14
Santi di Tito (via) **44** I 12
Santi Gervásio e Protásio (piazza) **29** D 18
Sant'Ilário a Colombáia (chiesa) **35** G 13
Sant'Ilário a Colombáia (via di) **35** G 13
Santíssima Annunziata (chiesa) **28** E 16
Santíssima Annunziata (piazza della) **27** E 15
Sant'Onófrio (via) **35** E 13
Santorre di Santarosa (via) **29** D 18
Santo Spírito **35** F 14
Santo Spírito (chiesa) **35** F 14
Santo Spírito (piazza) **35** F 14
Santo Spírito (via di) **35** F 14
Santo Stéfano (chiesa) **36** F 15
Santo Stéfano in Pane (pieve) **15** B 13
Santo Stéfano in Pane (via) **15** B 13
Santucci, António (via) **14** C 12
San Vito (chiesa) **34** F 12
San Vito (via di) **34** F 12
San Vito (viuzzo di) **33** F 11
San Zanobi (via) **27** D 15
Sánzio, Raffaello (viale) **34** E 12-13
Sapiti (via de') **35** F 14
Sarpi, Fra' Páolo (via) **39** E 17
Sarti **21** D 7-8
Sarti (viuzzo dei) **21** D 7-8
Sassetti (via de') **36** E 15
Sasso, il **43** H 10-11
Sáuro, Nazário (piazza) **35** E 14
Savonarola, Fra' Girólamo (piazza) **28** D 16
Savorgnan di Brazzà, Pietro (via) **14** C 12-13
Sbrilli, Mário (via) **14** A 13
Scala (via della) **25** D-E 13-14
Scala, Bartolomeo (via) **39** F 18
Scalo (via dello) **21** C-D 8
Scandicci (via di) **32** F-G 9-10; **33** E-F 10-11
Scarlatti, Alessandro (via) **25** D 13
Scarpúccia (costa) **36** F 15
Schiapparelli, Giovanni Virgílio (via) **45** G 14
Schiavo, Páolo (via) **23** E 11

Schifanóia (villa) **19** B 17-18
Sciabbie (via delle) **13** A-B 11
Scialóia, António (via) **28** E 17
Scipione de' Ricci (via) **25** C 14
Segantini, Giovanni (via) **22** D-E 10
Segato (via) **15** B 14
Séggiole (via delle) **36** E 15
Segni, Bernardo (viale) **28** E 16-17
Sella, Quintino (via) **39** F 17-18
Selva, la (villa) **17** A 15
Selva, la (villa) **48** G 16
Sémplici (giardino dei) **27** D 15
Senese **44** H 12
Senese (via) **44** H-I 12-13
Sercambi, Giovanni (via) **18** C 16-17
Ser Lapo Gavacciani (via) **44** I 12
Ser Lapo Mazzei (via) **39** G 18
Sernesi, Raffaello (via) **23** D-E 10
Serragli (via de') **35** F 13-14
Serristori (lungarno) **36** F 15-16
Serristori (palazzo) **36** F 15-16
Serumido (via) **35** F 14
Ser Ventura Mónachi (via) **38** F 16-17
Servi (via dei) **27** E 15
Settembrini, Luigi (via) **28** C 16
Sette Santi (via dei) **29** D 17
Sgambati, Giovanni (via) **12** B 10
Sguazza (via) **35** F 14
Shelley, Bysshe Percy (viale) **24** D 12
Siena (via) **32** E 9
Sighele, Scípio (via) **25** C 13-14
Signorelli, Luca (via) **21** D-E 8
Signoria (piazza della) **36** E 15
Signorini, Telémaco (via) **23** D 10
Sigoli, Simone (via) **14** C 12-13
Silvani, Gherardo (via) **44** I 12-13
Sinagoga **28** E 16
Sinalunga (via) **32** E 9
Sirtori, Giuseppe (via) **29** D 18
Slátaper, Scípio (via) **25** C 14
Soderini (lungarno) **35** E 13-14
Sodi, i **43** I 11
Soffiano **33** F-G 10
Soffiano (via di) **33** E-G 10-11
Sóffici, Ardengo (via) **23** D 10
Sogliani, Giovanni António (via) **24** E 13
Soldani, Fedele (via) **30** D-E 19
Sole (via del) **35** E 14
Solferino (via) **25** E 13
Sollicciano **31** E 7
Sollicciano (via di) **31** E 7
Sommelli, Niccolò (via) **13** B-C 10-11
Sonnino, Sidney (via) **39** F 18
Spada (via della) **35** E 14
Spadini, Armando (via) **23** D-E 10
Spagna (via) **50** G 20
Spallanzani (via) **15** B-C 14
Spano, Pippo (via) **28** D 16
Spaventa, Sílvio (via) **28** D 16
Spedale degli Innocenti **26** E 15-16
Speri, Tito (via) **39** E 18
Speziali (via degli) **36** E 15
Spinello Aretino (via) **33** E 11
Spoleto (via) **22** D 9
Spontini, Gáspare Luigi (via) **24** D 13
Sport (palazzetto dello) **14** B 13
Sprone (via dello) **35** F 14
Squadra, la **29** C 17-18
Squarcialupi, António (via) **24** D 12
Stádio Comunale **29** D 18
Starnina, Gherardo (via) **33** F 11
Statuto (via dello) **25** C-D 14
Stazione (piazza della) **25** E 14
Stazione delle Cascine (via della)
   12 B-C 9
Steccuto (via dello) **15** B 13
Stella (borgo della) **35** F 14
Stella (villa) **29** D 17
Stenone (via) **15** B 14
Stibbert (museo) **17** C 15
Stibbert, Federico (via) **17** C 15
Stimmatine **44** I 12
Stimmatine (convento delle) **37** G 15
Stoppani, António (via) **29** C 18
Stori, Teodoro (via) **15** A 14
Stradella, Alessandro (via) **14** C 12
Stradivari, António (via) **14** C 12
Strozzi (palazzo) **35** E 14
Strozzi (via degli) **35** E 14
Strozzi (villa) **34** E 12
Strozzi, Filippo (viale) **25** D 14

Strozzino (villa dello) **34** F 12
Stúdio (via dello) **36** E 15
Stufa (via della) **27** E 15
Stuparich, Fratelli (via) **12** B 9
Suor Maria Celeste (via) **45** H-I 13-14
Susini, António (via) **48** G-H 16
Svézia (via) **50** G 19
Svízzera (via) **40** F 20

T

Tacca, Pietro (via) **48** G-H 16
Tacchinardi (via de') **24** C 12
Taddea (via) **27** E 15
Tagliaferri, Nicola (via) **13** C 11
Talenti, Francesco (viale) **23** E 10-11
Tanucci, Bernardo (piazza) **25** C 14
Targioni Tozzetti, Giovanni (via) **25** D 13
Tartini, Giuseppe (via) **23** C 11
Tasso, Torquato (piazza) **35** F 13
Tavanti, Ángiolo (via) **15** C 14
Tazzoli, Enrico (via) **29** E 18
Teatro, il **46** H 15
Teatro Tenda **40** F 19
Tegoláio (borgo) **35** F 14
Telésio (via) **28** E 17
Témpio (lungarno del) **38** F 17
Terme (via delle) **36** E 15
Términe (via del) **12** A-B 9
Terrazze, le **19** C 18
Terzolle (piazza del) **14** C 13
Terzolle (torrente) **14** C 12
Terzolle (via del) **14** B-C 13
Tessitori (via del) **35** E-F 13
Thouar, Pietro (via) **38** F 16
Tigli (piazza dei) **23** E 11
Tináia (viale della) **23** D 11
Tino di Camaino (via) **23** E 10
Tintori (corso dei) **36** F 15
Tintori (volta dei) **36** F 15
Tiratóio (piazza del) **35** E 13-14
Tiratóio (via del) **35** E 13
Tiratóio (vícolo del) **35** E 13-14
Tirinnanzi (podere) **21** D 7
Tiro a segno Nazionale **23** D 11
Togliatti, Palmiro (via) **19** A-B 17
Tommasi (via de') **32** E 9
Torcicoda (via) **23** D-E 10-11
Tornabuoni (via de') **35** E 14
Torre degli Agli (via) **13** B-C 11
Torre del Gallo (via della) **46** G-H 15
Torre Galli **32** G 9
Torre Rossa (villa) **40** E 19
Torretta (via della) **29** E 18
Torri (via delle) **22** E 9-10
Torri, le **32** E 9
Torricella (via della) **30** E 19
Torricelli, Evangelista (viale) **45** G 14
Torri Gattáia **48** G 16
Torrigiani (giardino) **35** F 13-14
Torrigiani (lungarno) **36** F 15
Torrigiani (palazzo) **36** F 15
Torta (via) **36** E 15
Tortoli **48** I 16
Tortoli, Rodolfo (via) **44** I 12
Toscana (viale della) **13** B-C 11
Toscanella (via) **35** F 14
Toscanelli, Páolo (via) **27** D 15
Toscanini, Arturo (via) **23** C 11
Toselli, Pietro (via) **24** C-D 12-13
Tosinghi (via de') **36** E 15
Toti, Énrico (via) **29** E 18
Tozzi, Federico (via) **30** D 19
Tozzoli (via di) **46** I 15
Traini, Francesco (via) **33** F 11
Traversari, Ambrógio (via) **39** G 18
Traversi, Leopoldo (via) **14** C 12-13
Trébbio (via del) **35** E 14
Tréccia (via della) **11** B 7-8
Trento (via) **27** C 15
Tre Pietre **14** A 12-13
Tre Pietre (via delle) **14** A-B 12
Tribolo, Niccolò (via) **23** E 10-11
Trieste (via) **27** C 15
Trípoli (via) **38** F 16
Trotto (viale del) **22** C 10
Turati, Filippo (via) **40** F 20
Turchia (via) **40** G 19
Türr, Stéfano (via) **29** D 18

U

Uccello, Páolo (piazza) **24** E 12
Uffizi (galleria degli) **36** E-F 15
Uffizi (piazza degli) **36** E-F 15
Ugnano (via di) **31** E-F 7-8
Uguccione della Faggiola (via) **39** F-G 18
Ulivella (villa) **15** A-B 14
Ulivelli, Mário (via) **13** C 11
Uliveto (monte) **34** E 12
Ulivo (via dell') **36** E 16
Úndici Agosto (viale) **13** A-B 10-11
Unganelli (piazza degli) **37** G 15
Ungheria (via) **40** G 19
Unione Soviética (via) **40** G 19
Unità Italiana (piazza dell') **25** E 14
Università **27** D-E 15
Ussi, Stéfano (via) **22** D 10

V

Vagellai (via dei) **36** F 15
Vagnetti, Gianni (via) **23** D 10
Valdambra (piazzetta) **13** B 11
Valdarno (via) **13** B 10
Valdégola (via) **13** B 11
Valdelsa (piazza) **13** B 11
Val d'Ema (piazza) **44** I 12
Valdera (via) **13** B 11
Valdichiana (via) **13** B 11
Valdifiora (via) **13** B 11
Valdimagra (via) **13** B 11
Val di Marina (via) **13** B 11
Valdiniévole (via) **13** B 10-11
Valdipesa (via) **13** C 11
Valdisérchio (via) **13** B 10
Val di Sieve (via) **13** B 11
Val d'Ombrone (via) **13** B 11
Valdórcia (via) **13** B 10-11
Valfonda (via) **25** D 14
Vallisneri, António (via) **50** G 19
Vallombrosa (via) **13** B 11
Valori, Francesco (via) **28** D 16
Valtiberina (via) **13** B 11
Vamba-Bertelli, Luigi (via) **30** E 19-20
Vanini, Giúlio Césare (via) **27** C-D 15
Vanni (via de') **24** E 12
Vanni (villa) **47** H-I 15
Vannucci, Atto (via) **17** C 14
Varchi, Benedetto (via) **28** D-E 16-17
Varlungo **40** F 19-20
Varlungo (ponte di) **40** F 20
Varlungo (via di) **40** F 19-20
Varlungo (via di) **40** F 20
Vasari, Giórgio (piazza) **28** D 16-17
Vasco da Gama **14** B 13
Vecchi, Orázio (via) **13** B-C 10
Vecchietti (via de') **36** E 15
Vécchio (palazzo) **36** E-F 15
Vécchio (ponte) **36** F 15
Velluti (via de') **35** F 14
Vellutini (via de') **35** F 14
Velódromo **24** D 12
Venézia (via) **28** D 16
Veneziano, Doménico (via) **33** E 11
Ventiquattro Mággio (via) **25** C-D 14
Ventisette Aprile (via) **27** D 15
Venti Settembre (via) **27** D 14-15
Venturini (villa) **34** G 12
Veracini, Francesco (via) **24** C-D 12
Veranella, la **45** H 14
Verdi (teatro) **36** E 15
Verdi, Giuseppe (via) **36** E 15-16
Verga, Giovanni (viale) **30** D 19-20
Verità, Giovanni (via) **30** D 19
Verna (via della) **13** B-C 11
Versília (via) **13** B-C 11
Verzáia (piazza di) **35** E 13
Vespasiano da Bisticci (via) **39** E 17
Vespucci (via de') **11-12** B 8-9
Vespucci, Amerigo (lungarno) **25** E 13-14
Vespucci, Amerigo (ponte) **25** E 13-14
Vettori, Pier (piazza) **24** E 12-13
Vezzani, Faliero (via) **14** A 13
Viani, Lorenzo (via) **23** D 10
Vico, Gian Battista (via) **29** E 17
Viesseux, Giampietro (piazza) **25** C 14
Vignali, Jácopo (via) **23** E 11

Vigna Nuova (via della) **35** E 14
Vigna Vécchia (via della) **36** E 15
Villa (via della) **13** B 11
Villa (viuzzo della) **13** B 10-11
Villa Aurora **15** A 14
Villa Callai **50** H 19
Villa Carrega **18** A 16
Villa Demidoff (via della) **24** C 12
Villa Fusi **50** I 19
Villa Lorenzi (via della) **15** B 14
Villamagna (via di) **39-40** F 18-20
Villani (via) **35** F 13
Villa Nuova (via della) **11** B 8
Villari, Pasquale (via) **39** E 17-18
Villa Salviati **19** A 17
Villa San Giuseppe **17** A 15
Vincenzo da Filicáia (via) **29** E 18
Vinegia (via) **36** F 15
Vinta, Belisário (via) **49** H 17
Viola (villa) **48** H 17
Visarno (viale del) **24** D-E 12-13
Visconti Venosta, Emília (via) **40** F 20
Visibelli **43** G 11
Vitelli, Girólamo (via) **40** E 19-20
Vittória (piazza della) **27** C-D 15
Vittória (ponte della) **24** E 13
Vittório Emanuele II (via) **15-16** B-C 13-15
Vittório Véneto (piazza) **24** E 13
Viváio (podere) **48** H 17
Viváio, il **48** H 16-17
Vivaldi, António (via) **24** D 12
Viviani, Vincenzo (via) **46** G 15
Volta, Alessandro (viale) **28** C-D 16-17
Volturno (via) **29** D 18

W

Washington, Giórgio (viale) **22** C-D 9-10
Webb, Filippo (via) **50** G 19
Wolf Ferrari, Ermanno (via) **13** B-C 10-11

X

Ximenes, Leonardo (via) **45** G-H 13-14

Z

Zacconi, Ermete (via) **30** D 19
Zambreccari Franceschi (via) **11** B 8
Zambrini, Alfredo (via) **13** C 11
Zanardelli, Giuseppe (via) **39** F 18
Zandonai, Riccardo (via) **23** C 11
Zanella, Giácomo (via) **34** E 13
Zanetti, Ferdinando (via) **27** E 15
Zannoni, Giovan Battista (via) **25** E 14
Zanobi da Strada (via) **50** I 19-20
Zara (via) **27** D 15
Zecca (torre della) **38** F 16
Zecca Vécchia (lungarno della) **38** F 16
Zeffirini, Onófrio (via) **25** C 13
Zeno, Fratelli **14** C 12
Zobi, António (via) **25** C 14
Zoli, Adone (largo) **28** C 16
Zoológico (museo) **35** F 14
Zuccagni Orlandini, Attílio (via) **25** C 14
Zucchi, Aldo (via) **15** B 13

BAGNO A RIPOLI

Campigliano (via di) **50** I 19
Carota (strada comunale del) **50** I 20
Chiantigiana (via) **49-50** I 18-19
Crocifisso (via del) **49-50** I 18-19
Ema (torrente) **48** I 16
Fonte Manciolina (villa) **49** I 18
Ignesti (via) **50** I 19
Piana (via) **50** I 19
Ponte a Ema **50** I 19
Ritórtoli (strada comunale di) **50** I 19-20
San Piero a Ema **50** I 19-20
Vacciano (via nuova di) **49** I 17-18

FIÉSOLE

Anfiteatro (zona archeológica) **20** A 19
Ángeli (villa degli) **19** A 18
Ángeli (viuzzo degli) **19** A 18
Antoniano (istituto) **30** D 20
Badia dei Roccettini (via della) **19** A-B 17-18
Badia Fiesolana **19** A-B 18
Bandini (via) **19** A 18
Bargellino (strada comunale del) **20** A 20
Bastianini, Giovanni (via) **20** A 19
Becherine (via delle) **20** A 19
Bel Riposo **20** B 19
Belvedere (via di) **20** A 19
Bencistà (villa) **20** B 19
Benedetto da Maiano (via) **20** B 19-20;
    30 C-D 19-20
Benivieni (villa) **30** C 20
Borgunto **20** A 20
Boroganti (viuzzo di) **20** A 20
Bozzoli (villa) **19** A 18
Bozzolini (via dei) **20** A 20
Brisighellese-Ravennate (strada statale)
    19 A 17-18
Caldani (via dei) **20** A 20
Campo Sportivo (via) **20** A 19
Cannelle (via delle) **20** A 19
Case Popolari (via) **20** A 19
Cave di Maiano **20** B 20
Ceanzi (via dei) **20** A 19-20
Céceri (monte) **20** B 20
Cecília (via del) **20** A 19
Cimitero (via del) **20** A 19
Colzi, Francesco (via) **20** A 20
Córsica (via) **20** A 20
Costa, Andrea (via) **20** A 19
Doccia (via) **20** A 19
Doccia (via) **20** B 19
Doccia (villa) **20** A-B 19-20
Dupré, Giovanni (strada comunale) **19** A 18
Dupré, Giovanni (strada comunale) **20** A 19
Ferruzzi **20** B 19
Ferruzzi (via dei) **20** A-B 19
Ficino, Marsílio (villa) **20** C 20
Fiesolana (badia) **19** A-B 18
Fiesolana (via vécchia) **19** A-B 18
Fiésole **20** A 19
Fontanelle (via delle) **19** B 18
Fonte Lucente (strada comunale) **19** A 18
Fonte Sotterra (via della) **20** A 20
Fornace, la **20** B 20
Fossatáccio (via) **20** A 20
Fra' Giovanni da Fiésole detto l'Angélico (via)
    20 A-B 19
Frantóio, il **20** C 20
Garibaldi, Giuseppe (piazza) **20** A 19
Giovanni da Fiésole detto l'Angélico, Fra' (via)
    20 A-B 19
Gramsci, António (via) **20** A 19
Leonardo da Vinci (largo) **20** B 19
Lúcciole (strada vicinale delle) **20** C 20
Macchiavelli (villa) **30** C 20
Maiano **20** C 20
Mangani, Filippo (via) **20** A 19
Mannelli (viuzzo) **20** A 20
Mantellini, Giuseppe (via) **20** B 19
Mari, Adriano (via) **20** A 19-20
Marini (via) **20** A 19
Massicini (via dei) **20** A 19
Matteotti, Giácomo (via) **20** A 19-20
Médici (via de') **20** A 20
Médici (villa) **20** A 19
Mercato (piazza del) **20** A 19
Mino da Fiésole (piazza) **20** A 19
Montalto (villa) **30** D 20
Monte Céceri (via di) **20** A 19
Monte Céceri (villa) **20** A 20
Mura Etrusche (via delle) **20** A 19
Ospedale Sant'Antonino **20** A 19
Palágio, il **20** B 20
Palazzine (via delle) **19** A 18
Palmerino (strada vicinale del) **20** B-C 19
Papiniano (via) **19** A-B 18
Partigiani (via) **20** A 19
Páscoli, Giovanni (via) **20** A 19
Pelagáccio (via del) **20** A 20
Pelagáccio, il **20** A 20
Poeti, Francesco (via) **20** A 19-20
Póggio Gherardo **30** D 20

Póggio Lieto **30** C 19-20
Póggio Magherini (via) **20** A 20
Póggio Sereno **20** B 19-20
Ponte alla Badia **19** A 17-18
Primo Settembre (via) **20** A 20
Querce (via delle) **20** A 19
Riorbico (strada comunale di) **20** A 19
Rossi, Ottone (via) **30** D 20
Salviatino (via del) **30** C-D 19-20
Salviatino, il **30** C 19-20
San Bernardino (piazzetta) **20** A 20
San Doménico **19** B 18
San Doménico (piazza) **19** B 18
San Doménico (villa) **19** A 18
San Francesco (chiesa) **20** A 19
San Francesco (via) **20** A 19
San Girólamo (chiesa) **19** A 18
San Maurízio (vícolo) **20** B 19
San Maurízio (via) **20** B 19
San Michele (villa) **19** A 18
Santa Chiara (via) **20** A 19
Santa Maria (via) **20** A 19
Sant'Anna (via) **20** A 19
Sant'Ansano (via) **20** A 19
Sant'Antonino (ospedale) **20** A 19
Sant'Apollinare (via) **20** A 19
Sermei, Giovan Battista (via) **20** A 19-20
Sparta **19** B 18
Torráccia **20** B 19
Torricella (podere) **20** C 20
Verdi, Giuseppe (via) **20** B 19
Viani, Lorenzo (via) **30** D 20
Zona Archeológica (anfiteatro) **20** A 19

SCANDICCI

Abba, Giuseppe Césare (via) **41** G 8
Aleardi, Aleardo (via) **41** G 8
Alfieri, Vittório (via) **41** G 8
Allende, Salvador (via) **31** F-G 8
Améndola, Giovanni (via) **32** G 9
Andreotti, Líbero (via) **42** G 9
Bagnese (via delle) **42** G-H 9-10
Ballerini, Lanciotto (via) **42** G 9
Banfi, António (largo) **41** G 8
Banti, Cristiano (via) **42** G 9
Barducci, Aligi (via) **32** G 9
Benini, Amedeo (piazza) **41** G 7
Bertani, Agostino (via) **41** G 8
Bessi, Giuseppe (via) **41** G-H 7
Bezzuoli, Giuseppe (via) **42** G 9
Bíxio, Nino (via) **41** G 8
Boccáccio, Giovanni (piazza) **41** G 7
Borrani, Odoardo (via) **42** G 9
Bosco (podere) **42** I 9
Botticelli (via) **41** H 7
Broncigliano **41** I 7-8
Broncigliano (fosso) **41** I 8
Buonarroti, Michelángiolo (piazza) **41** H 7
Buozzi, Bruno (via) **41** G 8
Burchietti, Rolando (via) **41** G 7-8
Cabianca, Vincenzo (via) **42** G 9
Caboto, Sebastiano (via) **41** G-H 7
Caduti sul Lavoro (piazza) **41** H 8
Calamandrei (via) **41** G 8
Cannicci, Niccolò (piazza) **42** G 9
Capannáccia, la (villa) **41** H 8
Carducci, Giosuè (via) **41** G 7
Cassioli, Amos (via) **42** G 9
Cavour (piazza) **32** G 9
Cecconi, Eugénio (via) **42** G 9
Cecioni, Adriano (via) **41** G 8
Cellini, Benvenuto (via) **41** H 7
Chianesi, Élio (via) **32** G 9
Cicianesi, Sílvio (via) **41** G 8
Cioppi, Don Giúlio (piazza) **41** G 7-8
Cipressi, i **41** I 7
Ciseri, António (via) **42** G 9
Collodi (via) **41** G 7
Colombo, Cristóforo (via) **41** G 7
Corbináie (via delle) **41** H 7-8
Costa, Andrea (piazza) **32** G 9
D'Ancona, Alessandro (via) **42** G 9
Dante (via) **41** G 8
De Amicis, Edmondo (via) **41** G 7-8
Deledda, Grázia (via) **41** G 7
Don Giovanni Minzoni (via) **41** G 8
Don Giúlio Cioppi (piazza) **41** G 7-8

Duprè, Giovanni (via) **41** H 7
Enriques Agnoletti, Anna Maria (via) **41** G 8
Faldi, Arturo (via) **42** G 9
Fanfani, Enzo (via) **41** G-H 7
Fattori, Giovanni (via) **42** G 9
Fermi, Enrico (via) **41** H 7-8
Ferroni, Egisto (via) **42** G 9
Fichereto (podere) **41** I 8
Ficino, Marsílio (via) **31** F 8
Fóscolo, Ugo (via) **41** G 7
Fra' Girólamo Savonarola (via) **41** G-H 8
Franceschi (via) **41** H-I 7-8
Franceschi (villa) **41** H 7
Francoforte sull'Oder (via) **41** G 7
Gabbrielli, Donatello (via) **41** H 7
Galvani, Luigi (via) **41** H 7
Garibaldi, Giuseppe (via) **41** G 8
Generale Volpini (via) **42** G 9
Giógoli (via di) **42** H-I 9
Giógoli Rossi (villa) **42** I 9
Gioli, Francesco (via) **42** G 9
Giotto (via) **41** H 7
Giovanni da Verrazzano (via) **41** G 7
Giovanni Ventitreésimo (piazza) **41** G 7
Giusti, Giuseppe (via) **41** G 8
Gobetti, Piero (via) **32** G 9
Gordigiani, Michele (via) **41** G 8
Gramsci, António (piazza) **41** G 8
Greve (via della) **42** I 10
Lega, Silvestro (via) **42** G 9
Leonardo da Vinci (via) **41** H 7
Leopardi, Giácomo (via) **41** G 7-8
Macchiaioli (largo dei) **42** G 9
Magellano (via) **41** G 7
Makarenko, Anton (via) **41** G-H 8
Malenotti (villa) **41** H 8
Mameli, Goffredo (via) **41** G 8
Manara, Luciano (piazza) **41** G 8
Mangani, Ferrúccio (via) **41** G 8
Manzoni, Alessandro (via) **41** G 7
Martini, Mário Augusto (via) **31** G 7-8
Marzoppina (viuzzo della) **31** F-G 7-8
Matteotti, Giácomo (piazza) **41** G 8
Mercato (piazza del) (Piazza Palmiro Togliatti)
   41 G 7-8
Mille (largo dei) **41** G 8
Minzoni, Don Giovanni (via) **41** G 8
Modigliani, Amedeo (piazza) **41** G 8
Molino Nuovo (via del) **41** G 8
Monsignor Oscar Arnulfo Romero (via) **31** F 7-8
Monti, Vincenzo (via) **41** G 7
Morelli, Alemanno (via) **41** H 7
Município **31** G 7
Neruda, Pablo (via) **32** G 9
Nievo, Ippólito (via) **31** F 7
Orlando, Vittório Emanuele (via) **32** G 9
Pacinotti, António (via) **41** H 7
Páoli, Raffaello (via) **41** G 8
Páscoli, Giovanni (via) **41** G 7
Pestalozzi, Enrico Giuseppe (via) **31** F 7-8
Piave (piazza) **41** G 8
Pigafetta, António (via) **41** G 7
Pilo, Rosolino (via) **31** G 8
Pisana (via) **31** F 7-8
Pistelli, Nicola (via) **31** F-G 8

Poccianti, Gian Pasquale (via) **41** G 8
Polo, Marco (via) **41** G 7
Ponte a Greve (via del) **31** F 8
Ponte all'Asse **43** I 10
Prati, Giovanni (via) **31** F 7
Puccinelli, António (via) **42** G 9
Quattro Agosto (via) **41** H 7-8
Quattro Novembre (via) **41** G 8
Querciola, la **42** H 9-10
Redi, Francesco (via) **41** H 7
Renáccio (villa) **41** H 8
Repúbblica (piazza della) **41** G 7-8
Resistenza (piazza della) **31** G 7
Riáldoli (via di) **31** F-G 7
Roma (via) **41** G-H 7-8
Romero, Monsignor Oscar Arnulfo (via) **31** F 7-8
Roncolino (viuzzo del) **31** F 8
Rosselli, Fratelli (largo) **41** G 8
Rosselli, Fratelli (via) **41** G 8
Rossi (via dei) **31** F-G 8
Salvémini, Gaetano (via) **31** G 7-8
San Bártolo in Tuto (via di) **41** G 7
San Giusto a Signano (via di) **32** G 9
Santa Maria a Greve (via) **41** G 8
Sant'António (via) **41** G-H 8
Savonarola, Fra' Girólamo (via) **41** G-H 8
Scandicci **31** F-G 7-8
Scandicci Alto **41** H 8
Scandicci Alto (via di) **41** G-H 8
Seccatóio, il **42** H 9
Selve (via delle) **41** H 8
Selve, le **42** I 9
Signano (via di) **32** G 9
Signorini, Telémaco (via) **41** G 8
Spadini, Armando (via) **42** G 9
Spinelli, Fratelli (via) **41** G 8
Togliatti, Palmiro – Piazza del Mercato **41** G 7-8
Torricelli, Evangelista (via) **41** H 7-8
Toscanelli, Páolo (via) **41** H 7
Turri (via del) **41** G 7-8
Ussi, Stéfano (via) **42** G 9
Venticínque Aprile (via) **41** H 7
Venti Settembre (via) **41** G-H 7
Vespucci, Amerigo (via) **41** G-H 7
Vingone **41** H 7
Vingone (torrente) **41** I 7
Vingone (via di) **41** I 7-8
Volpini, generale (via) **42** G 9
Volta, Alessandro (piazza) **41** H 7
Zanella, Giácomo (via) **41** G 8

SESTO FIORENTINO

Cavalieri, Bonaventura (via) **11** A-B 7
Edison, Tommaso Alva (via) **11** A 7
Fermi, Enrico (via) **11** A 7
Giunchi (via dei) **11** A 8
Lucchese (via) **11** A 7
Marconi, Guglielmo (piazza) **11** A 7
Ponte di Quaracchi (via del) **11** A-B 7
Ponte Giógoli (via) **11** A 7-8
Righi, Augusto (via) **11** A 7